Feste feiern im Kirchenjahr

Zehn Vorschläge und Modelle
für Gottesdienste
und Feiern
entworfen von verschiedenen Autoren

Verlag Junge Gemeinde Stuttgart

Verlag Junge Gemeinde, Stuttgart 1974
ISBN 3 7797 0253 3
Einbandgestaltung: Hans Hug, Stuttgart
Druck: Paul Schürrle, Stuttgart

Die großen Feste der Christenheit sind klein geworden. Ostern, Himmelfahrt und Pfingsten sind weitgehend von den Gesetzmäßigkeiten der Freizeitmentalität, Weihnachten dazuhin noch von jenen der Verkaufsstrategie und des gewerkschaftlichen Besitzstanddenkens überschattet; Trinitatis scheint schon länger in das Dunkel des unverstanden Belanglosen verabschiedet zu sein. Aber das ist nur die eine Seite der Sache. Die andere hängt damit zusammen, daß Verkündigung in einer ganz neuen Weise „gefragt" ist, daß eine junge Generation die Bibel wieder zu entdecken beginnt, und daß auch in unseren Städten so etwas wie eine neue Diaspora entsteht: Christen, die sich in ihren Häusern und Kirchen treffen, um der großen Taten und Feste ihres Herrn zu gedenken.

Ihnen und ihren Pfarrern soll dieses Bändchen eine Handreichung sein. Es ist also für den „Alltag des Festtags", für den Gebrauch in der Gemeinde bestimmt: für den Gottesdienst in der Kirche und für das Feiern im kleineren Kreis; doch auch für die Lektüre dessen, der darüber entdecken mag, daß jene Feste nicht so etwas wie die Ruinen vergangenen Kirchenjahrdenkens sind, sondern zur Erinnerung und Behausung des eigenen Glaubens, der eigenen Fragen und Gottes eigenen Worts zu werden vermögen.

Nicht zuletzt aber für die Hand der Lektoren unserer Kirche und solcher Gemeindeglieder, die einen Festtagsgottesdienst mit zu verantworten haben, ist diese Arbeitshilfe gedacht. Wohl ist es möglich, den einzelnen Vorschlägen eine Predigt anzufügen oder einzufügen. Aber es war das Bemühen des Verlags und der Autoren, das anzubieten, was man einen „fertigen" Gottesdienst, mindestens dessen Grundbestand — die „Botschaft des Festes" — nennen kann.

Die Vorschläge dieses Buches wollen also nicht Anspiele im üblichen Sinn des Wortes sein. Zwar sind Teile von ihnen durchaus so zu verstehen und zu verwenden; auch wird man die vorgelegten Modelle immer um das ändern oder ergänzen, was die eigene Situation aufgibt. Aber sie sind selbst als Gottesdienst, d. h. als Verkündigung angelegt, gemeint und — so hoffen wir — dienlich. Sie können also entweder mit einer kürzeren Ansprache verbunden oder aber an deren Stelle gesehen und in die Liturgie eines Gottesdienstes oder Festes eingefügt werden. Der Beitrag zum Heiligen Abend mag dafür als Beispiel gelten.

Stuttgart, zum 1. Advent 1974   Gerhard Hennig

Der Advent und das Ich

An dem Gespräch beteiligen sich sieben Personen:
Drei Männer
Zwei Frauen
Ein Sprecher; er stellt die fünf Gesprächsteilnehmer mit einigen sie charakterisierenden Sätzen vor.
Der Prediger; er geht auf ihre Anliegen ein und stellt selbst neue Fragen.

Sprecher:

Fünf Menschen, zwei Frauen und drei Männer, werden in der Adventszeit von der Aufforderung getroffen: „Seid wie Menschen, die auf ihren Herrn warten!" Sie beschäftigen sich mit dem Zeitwort „warten", sie bringen ihre eigenen Fragen und Schwierigkeiten, ihre Hoffnungen und Erfahrungen, auch ihre Glaubenserfahrungen, mit diesem Wort in Verbindung — und mit all dem andern, was der Prediger ihnen sagt.

Prediger:

Advent, meine Zuhörer, ist die Zeit der Erwartung. Zeit der Bereitstellung für das Kommen Gottes. Doch worin liegt nun die Kunst des Wartens? Wie halten wir uns bereit für den neuen Anfang? Wie werden wir Menschen, die auf ihren Herrn warten — und auch auf einen neuen Himmel und eine neue Erde? — Überfällt uns nicht jedes Jahr wieder die Erregung ...

Sprecher:

Ein Mann — um die 50 — er wirkt aufmerksam und aufgeschlossen, ein suchender Mensch mit vielen Fragen und Problemen, der das Nachdenken noch nicht verlernt hat und dem Leben gegenüber nicht resigniert, stellt fest:

1. Mann:

Neuer Himmel, neue Erde — das wäre etwas. Genau das, was wir brauchen. Aber wie ist es damit? Ist das nicht nur ein schöner Gedanke, geboren aus menschlicher Sehnsucht, der vor der Wirklichkeit keinen Bestand hat, dieser Wirklichkeit, wo jeder Tag ist wie der andere? Immer wieder der Weg an den Schreibtisch, ins Büro, Zahlen abzeichnen, eine Maschine bedienen, dieselben Handgriffe. Wo passiert da noch etwas Besonderes, Überraschendes? Und du selbst? Wartest du wirklich noch? Kennst du noch diese Unruhe, die sich nicht zufriedengibt mit dem, was ist? Hoffst du noch für deine Kinder, die dir fremd werden, die das Leben so ganz anders verwirklichen als du es konntest? Hoffst du noch für deine Welt trotz Kriegen, Terror und Geiselnahme? Bist du nicht dauernd auf der Flucht vor dieser Wirklichkeit? Wie oft arbeitest du, um zu vergessen, lenkst dich ab ...
O Gott, entzünde die Hoffnung auf eine neue Erde, einen neuen Himmel in mir. Laß mich nicht fliehen aus der Gegenwart, sondern daran denken, daß die Welt einmal ein Ziel hat und eine Zukunft. Gib unserer Zeit adventliche Signale, an denen wir ablesen können, daß du uns an jedem unserer Ausgangspunkte und Endpunkte erwartest, in unseren hohen und tiefen Stunden, in unserer Angst, in der Kleinlichkeit des Alltags. Und hilf, daß ich eine Antwort auf die Frage finde: Wie soll ich dich empfangen?

Prediger:

Darum sollten wir es nicht überhören: „Seid gleich den Menschen, die auf ihren Herrn warten." Wie zum Beispiel die Weisen aus dem Morgenland. Sie waren Astrologen und hatten die aufmerksame Betrachtung des Himmels gelernt. Dort entdeckten sie jenen Stern, der für sie den Befehl zum Aufbruch enthielt. Nun sind sie unterwegs. Auf Gottes Kommen warten heißt auch: bereit sein zum Aufbruch. Bereit sein, sich von Gott im Alltäglichen unterbrechen zu lassen. Wir sollen aufbrechen aus vielen alten Gewohnheiten, alten Ängsten und Sorgen ... Vielleicht haben wir einen fremden, einen weiten Weg zu gehen.

Sprecher:

Dazu die Gedanken einer Frau. Sie könnte etwa 55 Jahre alt sein. Sie weiß mit sich selbst und ihrem Leben nichts anzufangen. Sie langweilt sich. Aber auch sie wartet...

1. Frau:

Aufbrechen aus alten Gewohnheiten — das ist leicht gesagt, wenn die sich in das Leben eingebrannt haben!

Aufbrechen aus dem Alltag, der immer gleich abläuft: Um halb sechs fährt er vor, winkt mir zu, stellt den Wagen in die Garage. Jeden Tag. Dann der Tee. Dann die Frage, was es Neues gibt, und wie immer — nichts Besonderes. Der Haushalt läuft von selbst. Maschinen waschen, spülen, grillen, rühren. Inzwischen bin ich fünfundfünfzig. Der Sohn verheiratet. Ich habe Zeit für mich, viel Zeit. Ich habe immer Zeit. Ein paar Mal habe ich daran gedacht, wieder zu arbeiten, aber das wollte er nicht: „Was sollen die Leute denken? Das hast du doch nicht nötig!"

Ja, als ich noch ein paar Nachbarskinder hüten konnte! Aber dann kamen die Stiche in der Herzgegend. Und kein Arzt konnte wirklich helfen.

Früher gab es wenigstens noch ab und zu Gäste. Aber die Ärzte! „Sie brauchen Ruhe!" sagen sie. „Keine Aufregung!" Seitdem warten, immer wieder warten, auf irgendwen, auf irgendwas. Auf die Putzfrau, dreimal in der Woche; auf den Donnerstag, wenn der neue Lesestoff kommt... Die Weisen — die hatten den Stern. Wie mag der Stern beschaffen sein, der mich zum Aufbruch bringen könnte? Und an welchem Himmel wird er sichtbar werden?

O Gott, ich warte darauf, daß du dich in den Kleinkram meines Lebens einmischst. Ich bitte dich: Komm und ändere mein Leben!

Prediger:

Wir alle brauchen diesen Anstoß: „Seid gleich den Menschen, die auf ihren Herrn warten!" Da ist zum Beispiel Simeon, eine stille, unauffällige Gestalt. Es heißt von ihm, daß er gerecht und gottesfürchtig war und auf den Trost Israels wartete. Das Besondere an ihm ist seine Geduld mit

9

Gott. Tausendmal war er in den Tempel gegangen, voller Erwartung und Bereitschaft: Wird es endlich heute geschehen? Wird Gott heute in mein Leben treten und es neu machen? — Tausendmal hat er vergeblich gewartet. Aber er gibt nicht auf. Diese Geduld mit Gott, das war seine Adventsvorbereitung. Vielleicht sollten wir mehr Geduld haben mit Gott. Geduld, in der man weiß: Gottes Wunder kann man nicht erzwingen.

Sprecher:

Dieser Herr verkörpert den Typ des Gottsuchers. Er meint es sicher ehrlich. Er ist kritisch und etwas aggressiv. Seine Gedanken bewegen sich vorwiegend im Bereich des Negativen.

2. Mann:

Geduld haben mit Gott? Das ist mir neu. Wie oft habe ich gedacht: Wenn Gott ist, wirklich ist, dann muß sich doch etwas ändern mit den Menschen, mit der Welt! Wenn Gott ist, dann wird es doch höchste Zeit, daß er sich beweist, damit alle Unklarheiten beseitigt sind. Und jetzt? Geduld haben mit Gott — da muß ich umdenken. Dann ist Gott ja einer, der uns zum Erschrecken ähnlich geworden ist. Einer, der eben nicht einfach unsere Fragen und Probleme wegzaubert. Geduld mit Gott, das ist nicht leicht ...
O Gott, manchmal meine ich, in einer untergehenden Welt zu leben. Ich sehe doch, wie alles Bewährte wankt und schwankt und sehe nichts von deiner Macht. Aber vielleicht sind wir es, die wanken und schwanken, zusammen mit den Fundamenten, auf denen wir so sicher waren. Darum fragen manche nur noch: „Was kommt?" Und jetzt sollten wir fragen: „Wer kommt?"
Und dann, mach mich doch fähig, es einmal mehr mit dem Ja zu versuchen als dem ständigen Nein. Wie ich beschaffen bin, und so, wie die Zeit beschaffen ist, in der ich lebe, liegt mir das Nein immer sehr viel näher als das Ja. Geduld mit dir, das ist es wohl, was ich begreifen muß!

Prediger:

... Werden wir wieder neu buchstabieren müssen: „Seid gleich den Menschen, die auf ihren Herrn warten?" Da ist zum Beispiel Joseph von Nazareth, eine Gestalt am Rande und doch sehr wichtig. Er entdeckt, daß da plötzlich etwas Fremdes, Unheimliches, Störendes in seinen privatesten Bereich eingedrungen war. Dieser Störung wollte er ausweichen und fliehen. Da trifft ihn das Wort Gottes, zu bleiben. Dafür wird er nun Zeuge. Dableiben. Dableiben, auch wenn die eigenen Pläne über den Haufen geworfen werden — das ist es wohl. Auch wenn es nicht so geht, wie wir gern wollen ...

Sprecher:

Wie mögen die Gedanken dieser Frau aussehen? Sie ist seit langem krank. Sie fühlt sich — wie viele, vor allem ältere Menschen in der Leistungsgesellschaft der Gegenwart — wertlos, überflüssig und an den Rand des Lebens abgedrängt. Welche Erwartungen verbinden sich bei ihr mit dem Kommen des Herrn?

2. Frau:

Menschen, die auf ihren Herrn warten! Ja, dazu möchte ich auch gehören. Daran erinnert Advent. So habe ich das einmal gelernt. Aber ich warte besonders darauf, daß ich gesund werde, endlich wieder gesund. Diese Erwartung füllt mich ganz aus, aber sie enttäuscht mich auch. Manchmal komme ich mir vor, als ob ich ganz allein lebe, vollkommen allein. Ich empfange nichts. Ich gebe nichts. Ich gleite ganz langsam hinab in die Tiefe. Und wenn ich etwas vom Warten höre, dann kann ich immer nur an das Warten auf meine Genesung denken. Wenn ich darum so wenig adventlich gestimmt bin — ist es darum, weil mir die Zeichen, die hier auf meinem Tisch sind: Adventskranz, ein paar Tannenzweige, ein Licht — nichts mehr sagen? Dabei würde ich gerne wie früher — aber jetzt? So wie ich dran bin?
Vielleicht kommt Gott eben doch anders als ich denke. Nicht so eindeutig, daß alles Fragen erspart bleibt. Nicht so, daß man mit ein wenig Nachdenken seine Gedanken über uns

erraten könnte. Nicht so, daß da, wo man an ihn glaubt, alle Not ein Ende hätte ...

O Gott, wie mit gemischten Empfindungen warte ich auf dein Kommen. Nichts ist hergerichtet. Doch du bist es, der gibt. Und was mich angeht, diese unnütze Person mit einem Leiden, das zum Tod nicht reicht und auch nicht zum Leben, so habe ich mich noch lange nicht genug von mir selbst befreit, um dir reinen Herzens wie ein Kind anzugehören. Laß dich von meiner Armseligkeit anziehen.

Ja, komm aufs neue zu mir! Durchstoße meine Gleichgültigkeit; wie eine Wand ist sie zu dir hin und auch zu anderen Menschen. Zerbrich die Autorität des Zweifels, der sich in allem meldet: in meiner Krankheit, in meiner Resignation, in meiner Verdrossenheit. Mach mich gewiß, daß du unterwegs bist — auch zu mir.

Prediger:

Können wir überhaupt den Menschen gleich werden, die auf ihren Herrn warten? — Da waren die Hirten. Sie taten nichts Besonderes. Sie hüteten des Nachts ihre Herde. Das ist alles. Sie waren bei der Arbeit. Sie wachten. Sie kämpften. Sie taten das, was notwendig war an jedem Tag. Auf Gottes Wunder warten heißt nicht, etwas Außergewöhnliches tun, sondern im Alltäglichen seine Sache tun. Man kann Gottes Kommen nicht herbeizwingen. Es geschieht, wann und wo Gott will, eben da, wo unser wirkliches Leben sich abspielt: im Alltag, bei der Arbeit, im gewohnten Zusammenleben mit der Familie. Da kann es passieren, daß er unser alltägliches Schicksal zu seinem Schicksal macht, — und wir entdecken seine Nähe.

Sprecher:

Der letzte der fünf Gesprächsteilnehmer, etwa 30 Jahre alt, ein Durchschnittsbürger, ein Träumer, der sich selbst im Weg steht, überlegt:

3. Mann:

Mein alltägliches Schicksal zu seinem Schicksal — wenn es das gäbe! Aber — wer bin ich denn? Nun gut, auch ein Wartender. Manchmal wie einer, bei dem das Warten wie die Balancierstange auf dem Seil des Lebens ist. Aber häufig gleiche ich einer Wunschliste oder einem Bündel von Fragen. Ich sehne mich nach Leben, das diesen Namen verdient, das unabhängig ist, frei. Wie oft träume ich davon! Träume von glücklichen Tagen, wo mir alles gelingt, endlich anerkannt, geliebt von denen, auf deren Urteil ich Wert lege. Aber — es sind immer nur wieder Träume davon, und es verwischt sich mit den Wunschbildern die Wirklichkeit. Der Rest ist Mittelmaß. — Bin ich auf der Flucht vor mir selbst? Warte ich auf das Außergewöhnliche? Ich möchte gern, daß mein Leben anders wird, anders als es ist. Doch was stimmt daran nicht? Daß ich mit all dem bei mir selbst bleibe. Muß ich immer so weitermachen? Gibt es keine Überraschungen mehr? Aber wenn es wahr ist, daß Gott mein alltägliches Schicksal zu seinem gemacht hat, dann kann das doch nicht alles sein! Dann heißt das doch: Es bleibt nicht bei der vergiftenden Wahrheit: Du bleibst immer der alte! — Dann braucht mich die Frage nicht mehr niederzudrücken: Wird sich je etwas ändern? Dann ist doch zwischen den Schatten von gestern und der Ungewißheit von morgen ein Weg da. Ein Weg, auf dem Gott mein Schicksal zu seinem ...

O Gott, wenn das wahr ist, laß mich noch einmal neu beginnen, losgelöst von der Schwerkraft alles Versäumten und frei vom Alptraum der Sorgen — nicht mehr mir selbst im Wege. Gib mir die Chance eines adventlichen Wartens ...

Prediger:

Was bleibt, ist seine Frage an uns: Für wen haltet ihr mich? Ihr, oft an euch selbst verloren und zugleich auf der Suche nach etwas Absolutem. — Und die Antwort? Vielleicht deutet sie sich an in der Gegenfrage: „Wie soll ich dich empfangen?"

Von der Heiligkeit des Heiligen Abends

Die nachfolgende Liturgie zum Heiligen Abend wird von vier Personen gestaltet, dem Prediger und drei Sprechern. Kleine Änderungen erlauben es, sie auch an den Weihnachtsfeiertagen zu verwenden.

Die dialogische Form des Gottesdienstes kann in der Weise zum Ausdruck gebracht werden, daß die Sprecher von verschiedenen Standorten aus ihre Texte lesen, etwa im Altarraum oder auf der Empore.

Die Lieder sind als unmittelbare Antwort der Gemeinde gemeint. Sie sollten deshalb womöglich ohne Intonation, also nicht „distanziert" von dem vorher Gehörten, gesungen werden.

Wo es möglich ist, mag man nach dem Vaterunser oder dem Segen Kerzen in der Kirche anzünden und mit nach Hause nehmen — so wie wir das Licht dieser Nacht in die Tage der kommenden Zeit hinaustragen wollen.

Lied:

Fröhlich soll mein Herze springen ... (EKG 27, 1. 2. 5)

Prediger:

Als aber erschien die Freundlichkeit und Leutseligkeit Gottes, unseres Heilandes, rettete er uns, nicht um der Werke willen der Gerechtigkeit, die wir getan hatten, sondern nach seiner Barmherzigkeit durch das Bad der Wiedergeburt und Erneuerung im Heiligen Geiste, welchen er ausgegossen hat über uns reichlich durch Jesus Christus, unseren Heiland, auf daß wir durch desselben Gnade gerecht und Erben seien des ewigen Lebens nach der Hoffnung. Das ist gewißlich wahr. (Titus 3, 4—8)

Lied:

Ei so kommt und laßt uns laufen ... (EKG 27, 6)

Prediger:

Es ist erschienen die Freundlichkeit Gottes, unseres Heilandes!

1. Sprecher:

Wo erscheint, wie erscheint uns heute solche Freundlichkeit?

2. Sprecher:

Heute abend freuen wir uns auf das freundliche, weihnacht-
lich geschmückte Zimmer. Vier Wände zum Wohnen allein
sind zu wenig. Menschlich wird's erst, wenn es ein freundliches Zimmer ist.

3. Sprecher:

Heute abend lesen wir viele freundliche Grüße: in den Briefen und den vorgedruckten Karten, die daheim liegen.
Schön, wenn man sich mehr zu sagen hat als nur jene
freundlichen Grüße! Das Gold der vorgedruckten Karten
läßt jedenfalls nicht erkennen, wie freundlich die uns wirklich gesonnen sind, die uns solche Grüße sandten.

1. Sprecher:

Heute abend bedeutet es uns viel, ein freundliches Gesicht
bei jenen zu sehen, die mit uns diesen Abend verbringen.
Das wäre Weihnachten: keine Fassaden sehen, keine Fas-
sade darstellen müssen, sondern jemand haben und mit jemand zu sein, der uns wirklich freundlich gesonnen ist!

2. Sprecher:

Heute abend rechnen wir mit freundlichen Gesten. Wir
freuen uns an den Geschenken, weil wir in ihnen die Zu-
neigung des Menschen suchen und sehen möchten, der sie
uns gab.

3. Sprecher:

Heute abend nehmen wir es uns vor: freundlich, mindestens nett zueinander zu sein. Sicher, nicht alle Probleme
sind damit gelöst. Aber viele. Und unsere Welt wäre um
vieles freundlicher und manches wäre heil.

1. Sprecher:

Aber was hat das mit Gott zu tun und was mit dem Heiligen Abend? Nett und Partner sein kann man doch auch so, oder?

2. Sprecher:

Vielleicht hängt unsere Freundlichkeit doch mit Gottes Freundlichkeit zusammen. Vielleicht hängt unser Heil doch an jenem Heiland und dieser Heiligen Nacht.

1. Sprecher:

Wer ist das: der Heiland?

3. Sprecher:

Das ist der, der sich auch in trüben Zimmern aufhielt, beispielsweise in einem Stall; der trostlose Stunden kennengelernt hat, beispielsweise die von Gethsemane. Das ist unser Heiland: einer, der die Welt auch von unten kennt.

2. Sprecher:

Das ist der, der sich nicht abwendet von denen, vor denen sich alle wegdrehen, wenn ihre Fehler, ihre Sünde und ihr Elend herauskommen. Er wendet sich nicht ab, sondern er läßt sein Angesicht leuchten über sie.

3. Sprecher:

Vor diesem Jesus braucht sich keiner zu rechtfertigen, daß es ihn gibt. Vor Jesus braucht sich keiner zu erklären, daß er so ist, wie er ist. Zu Jesus kann man kommen wie die Schäfer zur Krippe.

2. Sprecher:

Der Heiland, das ist der, der denen die freundlichen Grüße Gottes bringt, die sich's angewöhnt haben, Gott und das Schicksal zu verwünschen. Freundliche Grüße Gottes, das sind keine Floskeln. Sondern das heißt: Wir sind nicht abgeschrieben und abgemeldet. Er hat noch etwas vor mit uns. Kinder Gottes, ja Partner des Höchsten sind wir!

Lied:

Die ihr schwebt in großem Leide ... (EKG 27, 7. 9)

16

Prediger:

Es ist erschienen die Leutseligkeit Gottes, unseres Heilandes!

1. Sprecher:

Hat Gott es nötig, leutselig zu sein? Haben wir es nötig, uns einmal im Jahr leutselig behandeln zu lassen? So wie von jenem Chef, der gönnerhaft und jovial zur Betriebsweihnachtsfeier erscheint? Der gibt sich leutselig, um uns bei der Stange und sich auf seinem Stuhl zu halten. Der redet von der Sicherheit der Arbeitsplätze und meint doch nur die Steigerung des Umsatzes. Sollte so Gott sein?

2. Sprecher:

Sie ist leutselig, die Nachbarin. Ganz mitfühlend fragt sie nach meinen Sorgen und Problemen. Aber am nächsten Morgen weiß es die halbe Siedlung. Ich Narr hatte mich ihr in meiner Hilflosigkeit anvertraut!

3. Sprecher:

Alle reden vom Fest. Doch hinter der Maske ihrer Leutseligkeit verbirgt sich auch Selbstgefälligkeit oder politische Berechnung und Taktik, — aber auch Unsicherheit, Müdigkeit. Sollte Gott so sein, so leutselig? Nein, mit einem Gott, der etwas verbirgt — und sei es hinter einer Maske von Leutseligkeit —, mit dem ist niemand geholfen!

1. Sprecher:

Unser Gott ist kein verborgener Gott, sondern er war unter uns. Seine Absichten sind nicht zweideutig, sondern er hat gesagt, was er von uns hält. Ist nicht das gerade der Grund, warum Jesus geboren wurde: weil sich Gott zu denen heruntermüht, die unten sind, zu uns?

2. Sprecher:

Ist am Ende das die Leutseligkeit Gottes, daß mich einer versteht und annimmt; daß er die Tiefpunkte schon kennt, in die ich gerate; daß er mein krankes Leben und meine zerbrechenden Hoffnungen heilen könnte? Dann, ja dann...

3. Sprecher:

Aber wo ist dieser Heiland nun, wo erlebe ich denn jene Leutseligkeit Gottes?

Lied:

Wo bleibst du, Trost der ganzen Welt ... (EKG 5, 4–6)

Prediger:

Als aber erschien die Freundlichkeit und Leutseligkeit Gottes, unseres Heilandes, rettete er uns ... nach seiner Barmherzigkeit!

1. Sprecher:

Christ der Retter ist da!, so singen die Leute. Aber ins Singen schiebt sich das Fragen: Wo ist der Retter jener, die an diesem Heiligen Abend frieren? Wo ist er, der die Ehre der Verleumdeten rettet? Wo ist der Trost der ganzen Welt?

2. Sprecher:

Christ der Retter ist da!, das heißt doch: Ich hab einen, der meine Sache führt. Das heißt doch: Gott ist nicht fertig mit mir, auch wenn ich mit meinem Latein am Ende bin. Das heißt doch: Das Aufschreien des im Krieg getöteten Soldaten ist nicht das Letzte, was man von diesem Menschen hören wird. Das heißt doch: Es hat nicht sein Bewenden damit, daß einer vor Hunger gestorben ist. Und das heißt auch, daß die Mutter ihr Kind nicht verlor, das ihr von den Armen wegstarb.

3. Sprecher:

Christ der Retter ist da! Es warten viele auf ihn, viele. Ich auch.

Lied:

Ich lag in tiefster Todesnacht ... (EKG 28, 3. 4. 9)

1. Sprecher:

Gott blieb nicht in einer besseren Welt und jenseits unserer Probleme. Denn Jesus kam in unsere Welt: nicht nur zu den

Erfolgreichen und Geistreichen, sondern gerade zu jenen, die müd geworden sind; zu denen, die nicht mehr aus und ein wissen; zu denen, die nicht mehr zählen als jene Schäfer im hintersten Winkel des Römischen Reiches. Da war seine Krippe. In Bethlehem.

2. Sprecher:

Da ist seine Krippe heute noch. Da ist der Platz, wo Gott hinwill und hingehört. Wenn ihm aber Bethlehems Schäfer wichtig genug waren, sollte ich ihm dann nicht wichtig genug sein? Wenn ihm ein Stall gut genug für seine Geburt war, sollte ihm da mein Leben als Wohnung zu schlecht sein?

3. Sprecher:

In der Krippe war nur Heu und Stroh, nichts Besonderes. Und doch wurde Gott darin geboren. An mir ist nichts Besonderes. Und doch möchte Gott mich zur Behausung nehmen. Denn Gott will in seiner Freundlichkeit und Leutseligkeit, Gott will nur eines: zur Welt kommen, und sei's in die Durchschnittlichkeit eines Lebens wie des meinen. Es stört und sticht ihn nicht, so wenig wie das Heu und das Stroh in der Krippe des Viehs.

1. Sprecher:

Die Welt wird sich kaum ändern. Aber ich kann sie ertragen. Jetzt kann ich sie wieder ertragen: trotz der Ängste, die aufsteigen in mir; trotz des Furchterregenden, das auf mich zukriecht. Denn, bleibt Gott bei mir, so werd' ich die Welt überleben.

2. Sprecher:

Die Welt wird sich kaum ändern. Aber ich kann in ihr leben und tun, wozu Gott mich befiehlt und braucht. Was aus meinem Tun wird, weiß ich so wenig wie Maria, als sie ihr Kind gebar. Doch was aus mir wird, weiß ich genau: Kind Gottes, Partner des Höchsten, ja selig werde ich sein.

Prediger:

So ist nun erschienen die Freundlichkeit und Leutseligkeit

Gottes, unseres Heilandes. Er rettete uns, nicht um der Werke willen, der Gerechtigkeit, die wir getan hatten, sondern nach seiner Barmherzigkeit.

Lied:

Des laßt uns alle fröhlich sein ... (EKG 16, 6. 8. 13. 15)

Prediger:

Lesung der Weihnachtsgeschichte nach Lukas 2, 1—20. Eine kurze Predigt kann sich anschließen.

Lied:

Brich an, du schönes Morgenlicht ... (EKG 24, 4. 6)

Gebet:

Herr, dies ist die Nacht, darin wir deiner gedenken und jener Geburt in Bethlehems Stall. Gedenke du unser und mache die Stunden dieser Nacht zum Anfang, zur Krippe für dich!

Herr, dies ist die Nacht, darin du klein wurdest und einer von uns. Laß uns klein von uns selber denken, damit wir jene nicht übersehen, in deren Armut und Not uns die Augen des Kindes anblicken und fragen!

Herr, dies ist die Nacht, darin das ganze Glück der Menschheit liegt. Erhalte uns etwas von der Fröhlichkeit dieser Nacht, bis wir den Tag erleben, an dem alles, alles Licht sein wird und wir dich nichts mehr fragen werden! Amen.

Vaterunser

Segen

Nachspiel (oder Liedvers)

Einer von den Zwölfen

Eine Besinnung in der Passionszeit über den Mann am Kreuz und den Mann mit dem Strick.

Zur Darbietung sind — außer zwei Sprechern — noch vier Personen notwendig. Sie stellen vor:

den Jünger Thomas
den Jünger Jakobus
den Jünger Simon Petrus
den Jünger Johannes.

In verschiedenen Dialogen wird der Frage nachgegangen:
Wer war eigentlich Judas Ischarioth?

1. Sprecher:

Von dem Mann am Kreuz ist in diesen Tagen viel die Rede. Er ist es, in dem wir unsere Situation erkennen sollen. Denn — so hoch ist der Preis den Gott zahlt, um uns zu retten. Wie sollte dann in dem letzten Satz Jesu: „Es ist vollbracht!" nicht das große Ja der Liebe Gottes liegen! Er will nicht unseren Tod, sondern unser Leben. Der Mann am Kreuz — unsere Hoffnung.

Aber da gibt es in jener Geschichte auch einen Mann mit dem Strick: Judas Ischarioth. Wer war Judas? Das ist eine der ganz alten und grüblerischen Fragen der Christenheit. Das Evangelium sagt: Judas, einer von den Zwölfen. Spüren wir, wenn wir das hören, noch etwas von dem Grauen, mit dem der Evangelist diesen kleinen Satz niederschrieb — Judas, einer von den Zwölfen!? Was liegt darin nicht alles beschlossen. Das dunkle Geheimnis und das tiefste Entsetzen.

Irgendwie versuchte man Judas einzuordnen, irgendwie mit dem Problem, das hier gestellt war, fertig zu werden. Darum sagen die Texte: Judas war ein Dieb. Die Sache mit den dreißig Silberlingen paßt da gut hinein. Trotzdem — kaum in der Bibel sonst hat man von Judas als einem eindeutigen Beispiel absoluter Verworfenheit geredet. Irgendwie ist da alles offen geblieben, vieldeutig, bis in unsere Zeit.

Und zu allen Zeiten haben Menschen sich mit der Figur des Verräters beschäftigt. Am Lettner des Naumburger Domes hat der Künstler ihn sehr hintergründig gestaltet: Mit geöffnetem Mund und unsicher fragendem Blick tastet er auskunftheischend, fast hilfesuchend die Mienen des Hohenpriesters ab. Es ist, als hoffte er auf eine Antwort, die seine Unruhe so oder so stillt. Andere Zeiten versuchten, ihn als eine abscheuliche Figur hinzustellen. Aber so einfach können wir uns das heute nicht mehr machen. Eher hat man den Eindruck, als wären alle Verurteilungen der früheren Zeit einer eigentümlichen Betroffenheit gewichen. Der Graben zwischen Judas und uns scheint jedenfalls nicht mehr allzu tief zu sein. Man fragt: Gibt es da nicht seelische Begründungen seiner Tat? Psychologische Erklärungen?

2. Sprecher:

Warum hat Judas Jesus verraten? Und was hat Judas eigentlich verraten? War dieser Verrat notwendig? War Judas nur Verbrecher? Oder war er Opfer oder gar Vollender einer göttlichen Sendung? Mich hat es immer beschäftigt, daß vom Vater Bodelschwingh berichtet wird, er habe auf dem Sterbebett immer wieder den einen Satz geflüstert: „Das mit dem Judas, das mußt du noch in Ordnung bringen!" Hat er sich damit zum Sprecher von manchem unter uns gemacht, der hier seine Fragen hat: „Das mit dem Judas, das mußt du noch in Ordnung bringen!?" Ja, er hat den Herrn verraten. Aber — wie heißt es in einem Gedicht des indischen Mathematiklehrers und Pfarrers Johnson Gnanabaranam:
Verraten wurde mein Jesus
nicht nur vor zweitausend Jahren.
Verraten wurde er nicht in Gethsemane.
Verraten wurde er nicht nur durch den Jünger Judas.
Mein Herr, viele Male, vorgestern, gestern und heute
wurdest du verraten.
In meinem Hause wurdest du verraten;
ich bin es, der dich verraten hat.
Ich habe dich nicht verraten durch einen Kuß,
aber ich habe eine Tat des Glaubens versäumt;
ich habe dich verraten nicht durch den Gruß:

„Gegrüßet seist du, Rabbi",
sondern ich habe ein freundliches Wort unterlassen,
einen Gruß für den Bruder an meiner Seite.
Herr, laß mich nicht mein Leben enden wie Judas.

1. Sprecher:

Ist es nicht so: Wer will denn von uns aufstehen und behaupten, daß er ihn nicht verraten hätte! Da waren sich schon die Jünger nicht so sicher. „Bin ich's? Bin ich's, Herr?" haben sie damals gefragt. Heinz Flügel hat vor dem Hintergrund dieser Frage ein „Gespräch der Jünger" geschrieben. Es reden miteinander Thomas, Johannes, Jakobus und Simon Petrus.

Thomas:

Geldgier kann nicht der Grund seiner furchtbaren Handlung gewesen sein. Sie mußte tiefere Gründe haben.

Jakobus:

Tiefere Gründe? Nach den tieferen Gründen des Judas suchen, heißt das nicht, nach Gründen gegen Jesus suchen, du Zweifler?

Simon:

Laß dich ermahnen, Bruder Jakobus, nicht ungerecht gegen Thomas zu werden. Ja, vielleicht ist Judas ein furchtbares Zeichen für uns, daß es auch in uns unergründete Abgründe gibt. Ihr wißt ja von mir, wie wenig standhaft ich selbst mich erwiesen habe trotz meiner großen Worte. Ich habe Jesus, obwohl er mich gewarnt hatte, verleugnet. Ich habe geflucht und geschworen: ich kenne ihn nicht. Ich habe ihn beinahe auch verraten. Für welche Summe? Wer will das nachrechnen. Vielleicht nicht einmal 80 Mark.

Jakobus:

Ja, ja, wir haben uns alle erbärmlich benommen. Wir hatten Angst, schäbige Angst, wir waren kopflos, weil wir gerade das nicht für möglich gehalten hatten.

Thomas:

Und Judas, Judas?

Jakobus:

Judas, der Verräter, hatte ja erst jene Katastrophe herbeige-
führt, in welcher wir so sehr gedemütigt wurden.

Johannes:

Wahrscheinlich ist dies seinem Zynismus eine abscheuliche
Genugtuung gewesen: unser Versagen war in seinen Augen
etwas wie eine Rechtfertigung seines Verrats. Aber wurde
er denn verfolgt, war er in Not, war er in Angst, war er verzweifelt? Nein, nein, er handelte kaltblütig, überlegen, hin-
terhältig und gemein.

Thomas:

Nicht zu bestreiten, daß er von Grund auf böse handelte,
daß er zum Bösen entschlossen war. Doch es könnte sein,
daß er sich erst dann zum Bösen entschlossen hatte, nachdem er am Guten verzweifelt war.

Jakobus:

Deine Gewissenhaftigkeit in Ehren, mit der du den Fall des
Judas Ischarioth untersuchst. Ich möchte dir nicht weh tun,
Thomas. Dies aber ist ein gefährlicher Irrweg, den du be-
schreitest. Es sieht so aus, als wäre nicht das Opfer des Verrats, sondern der Verräter bemitleidenswert.

Thomas:

Ich kann mir nicht helfen: wenn ich an Judas denke, der
unser Bruder war, der mit uns gemeinsam von Anfang an
den Meister begleitete, der Zeuge der großen Wundertaten
in Kana, in Bethanien, in Jerusalem war, der mit uns zu
Tische saß und mit uns betete . . .

Johannes:

Laß dich nicht täuschen, Thomas, es war alles Berechnung,
Heuchelei und Lüge.

Thomas:

Mir ist wehe im Herzen um Judas. Wie konnte er so schauerlich am Guten verzweifeln, daß er sich gänzlich dem Bösen auslieferte? Welche Verzweiflung durchwühlte ihn, ohne daß wir etwas gewahrten von dem, was seine Seele verwüstete?

Jakobus:

Sein Herz war eine Mördergrube von Anbeginn.

Simon:

Bruder Jakobus, ich muß zugeben, daß auch ich manchmal tief verzweifelt war. Wir hofften doch, daß Jesus das Reich bringen werde, und Judas war der, der am leidenschaftlichsten auf die Wiederherstellung Israels und auf das Reich der Gerechtigkeit hoffte.

Thomas:

Seine Bosheit kommt aus einer schauerlichen Enttäuschung.

Johannes:

Aus Unglauben.

Thomas:

Ja, er glaubte nicht mehr. Ein Glaubender, der seinen Glauben verliert, ist schlimmer als der, der niemals geglaubt hat. Liebe Brüder, ein Apostel, der den Glauben verliert, tritt nicht zurück in die Menge der Unbeteiligten, der harmlosen Frommen, der findet nicht mehr den Weg in die umhegte, gemäßigte Bürgerlichkeit. Ein Apostel, der den Glauben an Gott verliert, tritt in den Dienst des Satans. Er betet das Nichts an. Verräter konnte doch nur ein Jünger Jesu werden, nur einer von uns. . .
O Brüder, meine Brüder, welch schwindelerregender Abgrund, an dessen Rand wir uns befinden! Steckt nicht in uns allen ein Judas? Denn wer möchte so vermessen sein, zu behaupten, daß sein Glaube nicht ständig dem Unglauben abgerungen werden muß!

Simon:

Wahrhaftig, ein Stück von Judas steckt in uns allen. Hat mich denn nicht Jesus sogar damals — ihr erinnert euch — als Satan gescholten? O Brüder, jetzt darf ich es euch sagen: als Jesus mich Satanas nannte, da wandelte mich einen Augenblick die gräßliche Versuchung an, das zu sein, als was er mich bezeichnete. In diesem einen Augenblick — ich schäme mich, es auszusprechen — haßte ich ihn.

Thomas:

In Gedanken sind wir es vielleicht auch schon vorher gewesen. Erinnert euch doch an das letzte gemeinsame Mahl, als Jesus sagte: einer unter euch wird mich verraten. Fragte da nicht jeder von uns wie getroffen: bin ich es, Herr? Wer so fragt, ist selbst schon ein halber Verräter. Keiner kam auf den Gedanken, Judas, obwohl er euch zuwider war, könnte es sein, Judas, der in die Nacht hinausging, nachdem Jesus ihm den Bissen gegeben hatte.

1. Sprecher:

Denn nicht von außen geschieht ja das Furchtbare, sondern ganz von innen. Jesus wird von den Seinen ausgeliefert. Aus ihrer Mitte wird der Preis gegeben. Man will sich nicht weiter mit ihm belasten — das ist es. Die schützenden Hände der Freunde sinken. Jesus ausliefern — das heißt: nicht mehr für ihn eintreten. Von wem ist dabei die Rede? Nur von Judas? Und von wem noch?

2. Sprecher:

Worum ging es denn bei der Tat des Judas? Eigentlich nur um etwas fast Geringfügiges, um eine Formsache. Die günstige Gelegenheit anzugeben — das war alles. Sind nicht eine Fülle solcher Taten bei uns im Spiel, oft nur ein Wort, ein Satz, etwas ganz Nebensächliches? Und es hat unübersehbare Konsequenzen. Ein Schritt, der aus der gewohnten Bahn herausführt, im Grunde zu geringfügig, um beachtet zu werden. Und schon ist das Bisherige verändert, wird fragwürdig. In wie vielen Bereichen unseres Lebens tun wir Dinge, die unerklärlich bleiben, für die es kein rechtes Motiv gibt. Diese Rätselhaftigkeit wird nirgendwo deutlicher als in unserem Verhältnis zu Gott.

Warum sage ich hier ja und dort wende ich mich ab? Warum glaube ich hier und dort nicht? Warum bleibe ich fest in einer Sache vor gewichtigen Leuten und doch bei einer scheinbar geringfügigen Entscheidung lasse ich alles fahren? Und unter wieviel Masken verbergen wir verräterische Reaktionen? Judas begegnet Jesus freundlich; er verrät ihn mit einem Kuß. Und Jesus? „Mein Freund, warum bist du gekommen?" Ein letztes Wort des Herrn an den Jünger, und es ist keine zornige Anklage, es ist kein leidenschaftlicher Protest. Vielleicht große Traurigkeit und mitleidvolles Erbarmen. Das vielleicht ist der letzte Dienst Jesu an Judas.

1. Sprecher:

„Mein Freund", sagt er. Er läßt ihn ja auch jetzt noch nicht los. Er stößt ihn nicht zurück. Er läßt sich sogar von ihm küssen. Und Judas? Wie ist einem zumute, der nicht von dem Mann in der Mitte unserer Geschichte lassen kann und ihn doch preisgibt? Dringt die Stimme nicht durch, diese Stimme, die Judas und all denen, die in seine Nähe geraten, sagt:

2. Sprecher:

Was du jetzt tust, Judas, das mußt du ja wohl tun. Alle Welt, ja, dein eigener Wille treibt dich. Aber ich, Jesus, ich bin und bleibe, der ich war, auch für dich. Ich schlage keine Türen hinter mir zu, wenn ich durch dich, aber auch für dich ans Kreuz gehe ... — du könntest wiederkommen. Der Balken ist schmal, sicher, aber er trägt dich auch, wie er das Leid der ganzen Welt trägt. Judas, deine Schuld, sie wird dich zerstören. Gib sie mir ab. Gib her, auf meine Schultern ...

1. Sprecher:

Und Judas? In einem Büchlein, „Die Monologe des Judas" genannt, stehen die Sätze:

2. Sprecher:

Ich will ihm voraus in den Tod eilen, bevor er mir meinen

Tod rauben kann. Ich will das Urteil an mir vollstrecken, bevor es an ihm vollstreckt ist. Die Nacht des Todes will ich aufsuchen, bevor er sie erhellen kann. Ist er wirklich der erste der Auferstandenen, so will ich der letzte sein, der ganz stirbt . . . Ich muß mich beeilen zu sterben, solange es noch einen Tod gibt.

1. Sprecher:

Judas auf der Flucht, konsequent bis ans Ende — wer weiß?! Trotzdem — wer wagt es, den ersten Stein auf ihn zu werfen? Wer will denn von uns aufstehen und behaupten, er habe Jesus noch nie verachtet, seiner Sache noch nie ins Gesicht geschlagen? Und wer ist noch nicht zum Judas an seinem Mitmenschen geworden, an dem, der Gottes Ebenbild trägt? Wird an der Art, wie Judas mit Jesus umgeht, nicht enthüllt, wie der Mensch mit dem Mitmenschen umgeht? Erleben wir das nicht bis auf diesen Tag, wie einer den anderen opfert, nur um sich selbst zu retten? Und warum? Weil wir aus der Angst leben, vom Ehrgeiz und nicht aus dem Vertrauen. Judas — wer ist er anders als der Mensch, der Gott nicht erträgt, jenen Gott, der ohnmächtig und schwach in der Welt ist. Der Mensch, der nicht einsieht, daß Christus hilft in der Kraft seines Leidens und nicht in der Kraft seiner Allmacht. Judas — der Mensch, der mit seiner religiösen Sehnsucht Gott zwingen will, mit Macht in der Welt zu erscheinen. Er ertrug nicht Ohnmacht und Leid Gottes. Aber — wer erträgt es? Glauben wir an den Gott, der im Unterliegen siegt? In jenem schon genannten Büchlein heißt es weiter:

2. Sprecher:

Welch furchtbare Erkenntnis! Er, Jesus, hätte alles, was ich von ihm erwartete, tun können. Er hätte sich zum Beglücker der Armen, zum Freiheitshelden, zum Weltherrscher machen können. Er erkannte aber, daß er nicht wirken mußte, um neue, unerhörte Formen irdischer Macht zu entfalten. Denn dies hätte nur den Haß vermehrt, aber nicht die Liebe. Und ich haßte ihn und verriet ihn, weil ich ohne Liebe war, und sein Geheimnis, das Geheimnis seiner Liebe, nicht verstand. Nicht ihn habe ich um dreißig Silberlinge verkauft, mich selbst habe ich dafür überliefert.

1. Sprecher:

Ob das Judas nach dem Verrat entdeckt hat? Der Fortgang des Berichts läßt ja einiges vermuten. Er geht, um wieder gutzumachen. Er will das Rad der Geschichte zurückdrehen. Aber umsonst. Verzweifelt geht er davon. Er geht, um sich selbst zu richten. Was er damit will? Die gestörte Ordnung durch sein Opfer wieder heilmachen, alles wieder herzustellen, wie es war. Zu allem ist er bereit, nur zu dem einen nicht: den Versöhnungstod Jesu anzunehmen. Darum geht Judas zugrunde, eigentlich nicht an seinem Verrat, sondern an seinem mangelnden Glauben. Oder sollen wir sagen: trotzigen Unglauben?
Dazu Martin Luther:

2. Sprecher:

Als Judas Christus verriet, war das eine Sünde, aber keine zum Tode. Als er aber dann von Reue ergriffen wurde und sich nicht im Glauben aufrichtete, war das eine schwerere und größere Sünde, und es folgt darauf Verzweiflung.

1. Sprecher:

Wer dann meint, er müßte sich für einen Judas halten, darf der nicht gerade den ganz anderen Weg gehen, da, wo man sich Jesus ausliefert, wie auch immer es im Leben mit einem steht? Da, wo einer zu Jesus sagt: „Herr, denke an mich, wenn du in dein Reich kommst!" Fast überspitzt kann man sagen: Judas war gerade Judas, weil er kein Judas sein wollte. Eben nicht der Verlorene, der von ganz unten. Denn alle, die so dran sind, wie sollen sie nicht von dem Mann am Kreuz hören:

2. Sprecher:

Komm, du Mensch, wer du auch immer bist, erhebe dich. Ist es nicht vor allem dein Stolz, der verletzt ist? Wenn du mich lieben würdest, hättest du wohl Kummer über dich. Du wüßtest, wer du bist. Aber du hättest auch Vertrauen. Glaubst du, daß meine Liebe Grenzen hat? Glaubst du, daß ich auch nur einen einzigen Augenblick aufgehört habe, dich zu lieben? Aber du zählst immer nur auf dich. Du solltest aber auf mich zählen! Darum komm, bleibe nicht, der du bist und bleibe nicht, wo du bist. Komm, ich gehe dir entgegen bis in deine äußerste Bedrängnis, bis in die Verlorenheit äußerster Gottesferne, bis dorthin, wo man manchmal meint, es reicht nur noch dazu, den Strick zu nehmen.

1. Sprecher:

So ist es doch: Durch den Mann am Kreuz, in der Mitte der Passion, gibt es kein endgültig verdorbenes Leben mehr, hat niemand mehr Grund, ganz verzweifelt zu sein. Die Angst, die uns da manchmal von ihm fortjagen will, auch wir könnten ihn verraten, gerade sie soll uns mit ihm verbinden. Das hätte auch für Judas gegolten.
Der französische Schriftsteller Julien Green schreibt in einem seiner Romane:

2. Sprecher:

Jesus liebte Judas. Nun war der Verrat an Jesus eine große Sünde, und dennoch war sie verzeihlich. Judas' Irrtum bestand in dem Glauben, sie sei es nicht, deshalb erhängte er sich. Stellen Sie sich vor, es sei alles ganz anders verlaufen. Judas sei zu Jesus geeilt, als er unter dem Kreuz wankte und strauchelte. Unter Tränen wirft der Verräter sich auf die Knie und bittet sein Opfer um Vergebung. Was meinen Sie wohl, welcher Blick da auf ihn fällt? Ein Blick des Hasses? Ich glaube es nicht. Ein Blick voller Liebe. Es gab auf dem Leidensweg einen kurzen Augenblick, da einzig Judas Jesus hätte trösten können, indem er ihn um Vergebung bat. Das Ärgernis ist, daß jener Augenblick hinging, ohne daß Judas sich eingefunden hätte.

1. Sprecher:

Doch je gründlicher wir über Judas nachdenken, um so mehr kommen wir noch auf ein letztes Geheimnis dieser Geschichte. Darüber läßt Heinz Flügel die Jünger wie folgt reden:

Johannes:

Der Satan. Denn es kann doch nicht Gott sein, der ihn dazu bestimmt hat, Gott zu verraten.

Thomas:

Hier stehen wir vor dem Rätsel des Judas.

Jakobus:

Vor einem Rätsel? Es handelt sich um die für den Gläubigen klare Unterscheidung von Gut und Böse.

Thomas:

Das Böse ist nicht klar und eindeutig, es ist zweideutig, vieldeutig, ein Geheimnis. Denn auch der Böse kann nichts ohne Gottes Willen tun. Auch an seinem Tun müssen wir noch Gottes Willen ehren.
Aber, es ist das Schicksal des Bösen, an der Liebe zu scheitern. Denn das Böse kann nicht sein, wenn nicht zuvor die Liebe ist, die sich ihm preisgibt. Judas wurde nicht böse, weil er zuwenig, sondern weil er zuviel geliebt wurde. Er verlangte nicht nach der Liebe Jesu, sondern nach seiner Macht. Er wollte nicht geliebt, sondern beherrscht werden. So konnte ihm Freiheit nur die Freiheit zum Nichts und zur Vernichtung bedeuten, und so mußte der Bissen, den Jesus ihm reichte, für ihn zum letzten Anstoß werden, den zu vernichten, welcher ihn liebte. Und in diesem Augenblick, da er allein in die Nacht des Verderbens hinausging, war er dem Geheimnis Jesu auf Dämonenweise näher als wir: daß nämlich des Menschen Sohn müsse zuvor getötet werden, auf daß er seine Herrlichkeit offenbare.

Jakobus:

Da wir von dem abtrünnigen Jünger des Herrn, dem Verräter Jesu, sprechen — darin, so nehme ich an, besteht Einmütigkeit unter uns, daß ihn nichts vor der ewigen Verdammnis rettet.

Simon:

Auch nicht die offensichtliche Verzweiflung und Reue, in welcher er sich selber richtete?

Jakobus:

Darf einer sich selber Richter sein, Bruder Simon? Auch diese letzte Freveltat des Verräters beweist, daß es für ihn nichts anderes mehr als das Nichts gegeben hat.

Simon:

Ich habe Unrecht getan, so hat er, wie berichtet wird, vor dem Hohen Rat bekannt, ich habe einen Schuldlosen verraten. Fiele dieses Selbstgeständnis wirklich nicht ins Gewicht, Jakobus, wie würde es dann mit uns selber stehen?

Jakobus:

Er hatte einfach die Nerven verloren. Es war keine Sinneswandlung, sondern Flucht. Sonst hätte er sich nicht selbst entleibt. Denn dies ist eine neue schwere Sünde.

Thomas:

Und wenn es so wäre, Bruder Jakobus, daß er mit dieser neuen Sünde die unermeßliche Sünde des Verrates zu bezahlen begehrte, indem er sich selbst für immer verdammte . . .?

Jakobus:

Wie ließe sich eine Sünde durch Sünde büßen? Wie könnte das Nichts sich selbst zunichte machen!

Thomas:

Wahrhaftig, er hatte sich ganz dem Nichts überantwortet. Aber wo nur noch das Nichts ist, da müßte der Liebe doch wiederum alles möglich sein.

1. Sprecher:

Muß man nicht sagen, das, was Judas getan hat, hängt zusammen mit der Geschichte, die Gott wirkt? Die Namen Jesus und Judas sind auf eine Weise untrennbar miteinander verbunden, daß zuletzt eben doch die Liebe Gottes an den Tag kommt? Karl Barth bemerkt dazu:

2. Sprecher:

Wer ist der Verworfene? Der, der gegen Gott ist, obwohl

Gott für ihn ist? Der, der tut, als wäre Christus umsonst gestorben? Trotzdem bleibt er der mächtigen Gnade Gottes gegenübergestellt. Denn dort, wo die Sünde alle Maße erfüllt, strömt die Gnade über. Von wem gilt das mehr als von Judas? Darf man, so gesehen, sogar sagen, er ist ein indirekter Zeuge Jesu Christi? Denn — was sehen wir, wenn wir Judas anschauen? Einen Verurteilten, einen Versager, einen Verdammten. Ist er damit nicht Platzhalter eines anderen? Zeigt er nicht auf den hin, der verurteilt wurde, versagt hat und verdammt war, und der aushielt, Jesus Christus, der auch die äußerste Gottesferne eines Judas noch unterbietet? Nun — davon kann man nur ganz zurückhaltend reden.

1. Sprecher:

Aber hier darf Hoffnung anfangen. Vielleicht unsinnige Hoffnung, Hoffnung wider allen Augenschein. Aber eben jene Hoffnung, die den alten Vater Bodelschwingh ermutigte zu sagen: „Das mit dem Judas, das mußt du noch in Ordnung bringen!"

Das große Wunder am dritten Tag

Ein Dialog — geführt von dem Hamburger Theologen
Professor D. Dr. Helmut Thielicke mit einem jungen Studenten
während eines Osterspaziergangs.
Ein Sprecher stellt den Professor dar, der andere den Studenten.

Professor:

An einem frühen Osternachmittag klingelte es an meiner
Haustür. Ein junger Student, den ich nur flüchtig kannte,
stand vor der Tür, entschuldigte sich höflich ob der Störung
und bat um eine Unterredung. Ich sah gleich, daß ihn etwas
bewegte, und schlug ihm vor, bei dem schönen Wetter nach
draußen zu gehen. Als wir am Wasser dahinschlenderten,
brauchte ich ihn gar nicht erst nach seinem Anliegen zu
fragen. Er legte von selbst los.

Student:

Ich habe mich in der letzten Zeit mit Glaubensfragen beschäftigt. Es hängt sicher mit einigen Erlebnissen zusammen, die schwer zu verkraften waren. Aber das ist nicht so
wichtig. Jedenfalls fiel es mir plötzlich auf die Seele, daß
dies die Kernfrage unseres Lebens ist. Will man abends ins
Kino, dann fragt man: Was wird heute gespielt? Ich fragte
mich plötzlich: Was wird eigentlich in meinem Leben gespielt? Wer ist der Regisseur, und wer oder was spielt die
Hauptrolle?

Professor:

Eine sehr vernünftige und naheliegende Frage. Merkwürdig, daß die meisten Leute sie nur gegenüber dem Kino und
nicht gegenüber ihrem eigenen Leben stellen.

Student:

Ja, das war auch mir plötzlich klar. Dann habe ich letzte
Woche die Matthäus-Passion gehört. Ich bin nicht etwa, wie

34

Sie vielleicht denken, aus religiösen Gründen hingegangen, aber auch nicht aus bloß musikalischen, sondern ich dachte mir: Hier geht es um Leben und Tod eines der wesentlichsten Menschen. Da wird wohl auch diese Frage der Lebensregie anklingen. Verstehen Sie mich?

Professor:

Und ob ich Sie verstehe. Sind Sie auf Ihre Kosten gekommen?

Student:

Es ist mir sehr nahegegangen. Gerade weil die Matthäus-Passion so undogmatisch ist.

Professor:

Was meinen Sie mit „undogmatisch"?

Student:

Nun, daß da nicht wie bei den Pastoren von der Auferstehung die Rede ist. Der große Schlußchor beklagt nur den Hingang dieses Einmaligen und Hoheitsvollen. Das letzte ist eine sehr menschliche Träne — und kein Auferstehungsdogma.

Professor:

Ehe ich den Mund zu einer Gegenfrage auftun konnte, fuhr er geradezu heftig fort:

Student:

So was Menschliches, das versteht man eben. Jeder kennt die Traurigkeit darüber, daß auch das Größte sterben muß, und daß die leuchtendsten Meteore nur für Augenblicke am Himmel glänzen. Bitte: Warum sind die Kirchen denn am Karfreitag so voll, und warum hat diese Fülle an Ostern so erheblich abgenommen? Die Menschen sind vom Tode angerührt, weil sie ihn eben selber sterben müssen. Aber die Auferstehung wird ihnen in der Natur draußen deutlicher als in diesem befremdenden Dogma, in dem das Traurige des Karfreitags — entschuldigen Sie! — auf eine so unpassende Weise widerrufen wird.

Professor:

Aha, Sie denken wohl an Fausts Osterspaziergang: „Vom Eise befreit sind Strom und Bäche …" Auch wir sind ja heute von guter Osterlaune umgeben, das kann man wohl sagen.

Student:

Ja, aber warum sagen Sie das mit einem solchen Unterton von Ironie? Diese Faust-Szene ist für mich ganz typisch: „Aus der Kirchen ehrwürdiger Nacht sind sie alle ans Licht gebracht". Karfreitag feierten sie in dämmernden Gotteshäusern. Wenn sie aber etwas von Auferstehung wissen wollen, dann gehen sie in den Frühling hinaus.

Professor:

Sicher trifft Ihre Analyse auf die meisten Menschen zu. Es fragt sich nur, welche Schlüsse man aus ihr ziehen soll. Sie meinen offenbar, wenn ich Sie richtig verstanden habe: Vom Schöpfer der Matthäus-Passion bis zu den frisch geputzten Leuten um uns her haben wohl alle ein Gespür für das menschlich Bewegende des Karfreitagsterbens, aber eben nicht im gleichen Maße für das österlich leere Grab und ähnliche Mirakel?

Student:

Genau das meine ich. Und sehen Sie: Es ist mir einfach rätselhaft, wie jemand wie Sie, der Vorlesungen über den Faust hält, und den ich neulich mal auf einem Fußballplatz sah, es mit dem Mirakel der Auferstehung hält. Das ist doch so — oder?

Professor:

Allerdings. Wenn Christus nicht auferstanden ist, dann ist sein Leben und sein Werk widerlegt. Es gibt von Bethlehem bis Golgatha keine Szene in diesem Leben, die nicht von der Gewißheit getragen ist, daß die Geschichte dieses Einen durch den Tod nicht begrenzt wird, sondern daß sie stärker ist als der Tod. Wenn ich das nicht wüßte, und wenn ich nicht zugleich überzeugt wäre, daß dieser Eine nun auch die

Seinen und also auch mich durch den gleichen Tod hindurch-reißt, dann würde ich die Frage „Was wird in meinem Leben gespielt?" gar nicht mehr zu stellen wagen.

Student:

Ich bin eigentlich froh, daß Sie das so massiv und unintellektuell gesagt haben. Aber eigentlich machen Sie mich damit nur noch hilfloser. Sind wir anderen denn keine Christen, die wir den Karfreitag suchen und bei Ostern nicht mitkönnen? Warum ist denn die Leidensgeschichte in den Evangelien so ausführlich und der Osterbericht so kurz? Warum schließt die Matthäus-Passion mit dem Begräbnis Jesu, ohne die Mysterien des dritten Tages zu behandeln? Ist es nicht immer wieder das menschliche Geschick des Gekreuzigten, das einen bewegt, und ist Ostern demgegenüber nicht ein doktrinärer, gezwungener und verkrampfter Anhang? Das eine, das ist prall von Leben, und das andere ist eine blutlose Lehre. So, nun habe ich aus meinem Herzen keine Mördergrube gemacht. Es treibt mich um, und ich kann es nicht verschweigen.

Professor:

Sie dürfen es auch gar nicht verschweigen. Man darf doch den Glauben nicht mit Unehrlichkeit erkaufen. Erlauben Sie mir zunächst eine ganz naive Bemerkung: Haben Sie einmal die Osterberichte gelesen, als Ihnen ein sehr nahestehender Mensch gestorben war: Ihr Vater vielleicht, Ihre Mutter, Ihr Freund? Nicht? Aber ich habe es getan. Solche Situationen sind eine unerbittliche Probe auf Echtheit. Sie spüren da nämlich jeden falschen Ton. Und Spekulationen kommen überhaupt nicht an, wenn Sie elementar aufgewühlt sind. Die Osterberichte aber sind selbst elementar. Sie haben eine Frische, die die Dumpfheit der Gräber überwältigt. Sie müssen das einmal ausprobieren. Da ist nichts von „blutloser Lehre".

Student:

Gut, das ist ein Vorschlag, der sich hören läßt. Merkwürdig, daß gerade Sie als Wissenschaftler mir das sagen. Denn wissenschaftlich ist das ja gerade nicht!

Professor:

Es gibt Augenblicke, in denen man — ob Wissenschaftler oder nicht — bekennen muß, was man selber lebt, wovon man lebt, und wo die Elemente liegen, von denen das eigene Denken bewegt wird.

Student:

Sie sind als Theologe ja im Spekulieren versiert. Darum weiß ich es zu schätzen, daß Sie mich jetzt von einer ganz anderen Ecke her angerufen haben. Aber sagen Sie doch bitte noch etwas dazu, daß gerade der Karfreitag mit all seiner Menschlichkeit die Leute so beschäftigt, und daß — jedenfalls in ihrem Bewußtsein — das Osterfest ein so schwer verdaubarer Zusatz ist.

Professor:

Es ist genau umgekehrt, wie Sie denken: Für die Menschen des Neuen Testaments und auch für Bach stand die Ostergewißheit völlig fest. Ihr Glaube lebte davon, daß in diesem Einen das Geheimnis Gottes selbst unter uns getreten war. Daß es in Jesus von Nazareth um Gott selbst ging, war ihnen das Allerselbstverständlichste von der Welt. Aber daß er die „Etappe des Himmels" verlassen, daß er in unseren vordersten Graben gekommen war, daß er Schuld, Leid und Tod seiner Menschenbrüder mit getragen hatte: das war das große Geheimnis für sie. Darum wendeten sich alle Anstrengungen ihres Erzählens und Nachdenkens auf diese eine tolle Tatsache, daß er wirklich und wahrhaftig als ein Mensch, als einer von uns, gelebt und gelitten haben sollte. Sehen Sie, wir sagen heute: Karfreitag ist so menschlich und darum so glaubhaft; Ostern aber ist eine Sage. Die großen Christen durch die Jahrhunderte hin haben genau umgekehrt gedacht: Ostern ist klar. Der Tod ist ein Kümmerling gegen den Gottessohn. Aber daß dieser Gottessohn ein Mensch wie wir gewesen sein soll, das ist vielleicht eine Sage, das ist vielleicht nur ein Spuk. Von dieser Ecke her kämpften sie um den Menschen Jesus und um das Menschliche des Karfreitags. Sie kämpften darum.

Student:

Das hieße dann, daß die Leute damals also um den Karfreitag kämpften, und daß wir heute um Ostern kämpfen müssen?

Professor:

Genau das!

Student:

Einen Augenblick! Wie sagten Sie? Entschuldigung, das muß ich erst verdauen.

Die durchstoßene Grenze

In der vierteiligen Besinnung zum Himmelfahrtsfest werden zahlreiche
Argumente aus ganz verschiedener Sicht zusammengetragen, und die
Christenheit wird nach ihrer Antwort gefragt. Dabei kommen zu Wort:
in Part I: der moderne aufgeklärte Mensch mit seinen Fragestellungen
in Part II: der Christ, der in seinem Glauben Schwierigkeiten hat,
weil Christi Himmelfahrt auch von den Theologen in anderen
Zusammenhängen gesehen wird
in Part III: der Kommunist, der sich durch naturwissenschaftliche
Ergebnisse, ganz besonders im Bereich der Weltraumforschung, bestätigt
glaubt
in Part IV: der naive Zeitgenosse, für den die Astronauten so etwas
wie Zeugen für das Nichtvorhandensein einer himmlischen Welt sind.
Jeder Part dieses Modells ist in sich abgeschlossen und kann ohne
die andern in einer Feierstunde gelesen werden. An dem Gesamttext
sind 14 Personen beteiligt. Sie übernehmen die folgenden Funktionen:

Sprecher	Sprecherin
1. Stimme	Zitator
2. Stimme	Astronaut Titow
3. Stimme	Astronaut Gagarin
Theologe	Astronaut Glenn
1. Christ	Astronaut Cooper
2. Christ	Astronaut Conrad

PART I

Gemeinde:

Ich glaube an Jesus Christus,
den eingeborenen Sohn Gottes, unsern Herrn,
der empfangen ist vom Heiligen Geist,
geboren von der Jungfrau Maria,
der gelitten hat unter Pontius Pilatus,
gekreuzigt, gestorben und begraben,
niedergefahren zur Hölle,
am dritten Tag wieder auferstanden von den Toten,
aufgefahren gen Himmel,
da sitzet er zur Rechten Gottes,
seines allmächtigen Vaters,

von dannen er wiederkommen wird,
zu richten die Lebendigen und die Toten.

Sprecher:

Sonntag für Sonntag wird dieses Bekenntnis in vielen Kirchen gesprochen, aber es sind nicht wenige, denen es gerade bei den Worten „aufgefahren gen Himmel" unbehaglich zumute ist. Viele bringen das nicht mehr zusammen, die Himmelfahrt Jesu und die Erkenntnisse unserer Zeit, das alte und das neue Weltbild. Hören wir dazu eine Diskussion junger Menschen:

1. Stimme:

Der Himmel oben — die Erde unten, so hat für die Menschen vor ein paar hundert Jahren das Weltgebäude ausgesehen. Weshalb aber heute noch im Glaubensbekenntnis das alte Weltbild Gegenstand meines Glaubens sein soll, das verstehe ich nicht.

2. Stimme:

Also für mich ist das ein Märchen. Der Himmel, die Wolke, die Fahrt nach oben — solche Sachen gehören nicht in unsre Zeit.

3. Stimme:

Also — Märchen! Natürlich ist die Himmelfahrtsgeschichte kein Märchen. Aber immerhin, so schlecht ist der Vergleich gar nicht. In der Form des Märchens sind ja bestimmte Lebenswahrheiten eingekleidet, und es könnte doch sein, daß es sich bei der Himmelfahrt ähnlich verhält.

1. Stimme:

Wie meinen Sie das?

3. Stimme:

Ich stelle mir das so vor: Himmelfahrt war für die frühen Christen ein Symbol, ein Gleichnis, eine Formel, mit der sie den Menschen ihrer Zeit und Umwelt in ihnen verständlichen Vorstellungen sagen wollten, daß Jesus nicht an irgendeinem zeitlich und räumlich bestimmten Ort lebt.

1. Stimme:

Aber es heißt doch im Glaubensbekenntnis: „... sitzend zur Rechten Gottes".

3. Stimme:

Nun, schon Martin Luther hat einmal auf die Frage nach der „Rechten Gottes" geantwortet: Sie ist nicht ein besonderer Ort, sie ist vielmehr die allmächtige Gewalt Gottes, die zugleich nirgends und an allen Orten ist, darum hüte dich zu denken, er sei nun weit von uns. Im Gegenteil. Als er auf Erden war, war er uns fern, jetzt, da er im Himmel ist, ist er uns nah. Die Himmelfahrt Christi war ja nicht eine Ortsveränderung, es war eine Veränderung seines Wesens. So wie sich Gott von uns nicht dadurch unterscheidet, daß er *wo* anders, sondern daß er *ganz* anders ist.

1. Stimme:

Könnte man dann nicht Himmelfahrt durch ein ganz anderes Wort oder eine ganz andere Bezeichnung ersetzen? Das Stichwort „Himmel" verführt ja immer wieder zu falschen Vorstellungen.

3. Stimme:

Ja, man könnte sagen, Himmelfahrt heißt: Jesus ist Herr.

2. Stimme:

Das kann natürlich auch nur eine Formel sein.

3. Stimme:

Gewiß! Darum bedarf sie der Auslegung. Einmal: die Welt ist nicht mehr sich selbst überlassen. Es ist eine Bresche geschlagen in die Mauern, die die Welt umgeben, seit Jesus auf Erden weilte. Solch ein Bekenntnis „aufgefahren gen Himmel" muß dann geradezu sprengend wirken; denn es spricht von einem Christus, der in der Welt gewirkt hat wie der Mensch heute und der sich doch von dieser Welt erhob, sich von ihr löste; der sich ihr mit all ihren Tendenzen nicht unterworfen hat, der Herr über sie geworden ist. So verstanden kann Himmelfahrt sogar zu einer Standortbestimmung des Menschen werden. In der Bibel — ich glaube im Kolosserbrief — heißt es einmal: Unser Leben ist verborgen mit Christus bei Gott.

1. Stimme:

Und dieses „bei Gott" nicht örtlich, nicht lokal verstanden?

3. Stimme:

Nein, auch wenn da vom Himmel die Rede ist. Denn der Himmel, in den er uns holen will, besteht ja nicht in dem, *wo* wir sein werden, sondern in dem, *was* wir sein werden.

1. Stimme:

Aber das neue Weltbild, das die Wissenschaft entworfen hat, ist es nicht zum Beweis gegen den Himmel und die Existenz Gottes geworden?

3. Stimme:

Nur solange man hier etwas verwechselt, was nicht verwechselt werden darf. Es geht ja bei der Himmelfahrt Jesu nicht um Weltanschauung und nicht um Naturwissenschaft, sondern um Gottes Handeln. Der Fortschrittsglaube des vorigen Jahrhunderts meinte, es gäbe nichts, was nicht ausschließlich rational zu erklären wäre. Das ist aber heute ganz anders. Naturwissenschaftler wissen wieder, daß ihre Methoden nicht Schlüssel für die Deutung der Welt sind.

1. Stimme:

So wie Christen hoffentlich wissen, daß die Bibel nur Autorität für den Glauben ist und nicht auch für die Wissenschaft. — Hätte die Kirche das im Mittelalter schon so auseinander gehalten, Kopernikus, Galilei und viele andere wären nicht bedroht gewesen.

3. Stimme:

Ich würde sogar sagen, daß die Wissenschaft dazu beigetragen hat, die vielerlei Vorstellungen von dem Himmel, mit denen eine Menge Christen aus einer gewissen Trägheit heraus sich abgefunden hatte, zu entblättern, zu entmythisieren. Es war einfach die geschichtliche Schuld der Kirche, mit der Bibel ein wissenschaftlich unhaltbar gewordenes Weltbild verteidigen zu wollen.

2. Stimme:

Und ich behaupte, daß es noch immer so ist, daß sich die Christen an lieb gewordene, oft auch bequem gewordene Formeln gewöhnt haben. Darum ja auch die Unsicherheit, sobald man auf das Thema Himmelfahrt kommt. Dabei wäre das gar nicht nötig, wenn man den Begriff „Himmel" so interpretiert, wie Sie es eben taten, nämlich: Himmel besteht nicht in dem, *wo* wir sein werden, sondern in dem, *was* wir sein werden.

Sprecher:

So also haben junge Leute sich um das Thema Himmelfahrt bemüht. Es ist aus ihrem Kreis dann noch ein Lied entstanden, ein Himmelfahrtslied, in dem sich die verschiedenen Einsichten aus diesem Gespräch niedergeschlagen haben. Dort heißt es:

Sprecherin:

Herr, du bist von uns gegangen, der Himmel nahm dich auf, und wir können dich nicht sehen, doch wir wissen, du bist da.
Herr, laß uns auf dein Wort hören, in ihm bist du bei uns, und die Zweifel müssen weichen, im Gespräch bist du uns nah.

PART II

Sprecher:

Die Frage nach dem Wesen, nach der Bedeutung der Himmelfahrt Jesu wird auch in den Gemeinden heftig diskutiert. Die einen sagen:

1. Stimme:

Von mir aus könnte man diese Geschichte von der Himmelfahrt Jesu im Neuen Testament streichen. Mir würde im Glauben nichts fehlen.

Sprecher:

Und die andern sagen:

2. Stimme:

Die Himmelfahrt ist als ein Datum des Lebens Jesu unter allen Umständen festzuhalten.

Sprecher:

Zwei so ganz verschiedene Meinungen also und beide in einer Kirche. Wie kann es dazu kommen?

1. Stimme:

Wie *ich* dazu komme? Nun, durch Lesen in der Bibel. Mir ist aufgegangen, daß zum Beispiel auf den Himmelfahrtsberichten bei weitem nicht ein so großes Gewicht liegt wie auf den Ostergeschichten, auf die ich unter keinen Umständen verzichten würde. Und dann — in den ältesten Texten, zu denen etwa die paulinischen Briefe gehören, ist Himmelfahrt nie als ein für sich gesonderter Vorgang aufgezählt worden. Zum Beispiel Römer 8, Vers 34: „Christus ist hier, der gestorben ist, ja vielmehr, der auch auferweckt ist, welcher ist zur Rechten Gottes und vertritt uns."

2. Stimme:

Ja, aber Lukas berichtet doch ausführlich: „Er führte sie aber hinaus bis gen Bethanien und hob die Hände auf und segnete sie, und es geschah, da er sie segnete, schied er von ihnen und fuhr auf gen Himmel."

Sprecher:

Bibelzitat steht also gegen Bibelzitat. Was sagen die Theologen dazu?

Theologe:

Es ist zu unterscheiden, daß die Bibel zu verschiedenen Zeiten zu verschiedenen Menschen redet. Himmelfahrt, so wie sie in den ältesten Texten verstanden wird als Inthronisation Jesu, hängt zusammen mit Vorstellungen aus dem Psalm 110. Dort spricht der Herr zum Messias: „Setze dich zu meiner Rechten." Dazu aber ist Himmelfahrt eine Auslegung des Osterglaubens. Sie setzt innerhalb des Ostergeschehens einen bestimmten Akzent. Es geht um das Herrsein Jesu Christi. Dieses Urbekenntnis „Jesus ist Herr" richtete sich damals gegen die verschiedensten Ansprüche, unter anderem gegen den Absolutheitsanspruch des römischen Staates und gegen den der jüdischen Religiosität. Daß in den Lukas-Texten das ganz anders ist, daß hier zwischen Ostern und Himmelfahrt so ein weiter Zwischenraum ist, liegt an dem zeitlichen Unterschied der beiden Bibelstellen. Zu der Zeit, als das Lukasevangelium niedergeschrieben wurde, hat eine starke Richtung innerhalb des Urchristentums, die sogenannte Gnosis, die doppelte Aussage über Jesus: „wahrer Mensch und wahrer Gott", einseitig zu lösen versucht. Man wollte von der „Menschheit" Jesu nichts mehr wissen. Diese absolute Vergöttlichung wurde dann bekämpft mit den Zeugnissen von dem vierzig Tage lang handelnden Jesus. Es sollte ein für allemal festgehalten werden: der Gekreuzigte ist der Auferstandene. Himmelfahrt, Abschluß der vierzig Tage, eingebaut in ein Schema: der vom Himmel kam, auf der Erde lebte, ging wieder zum Himmel. — Mir scheint aber Luthers Aussage über Himmelfahrt am treffendsten zu sein: „Darum, wer die Sünde will los sein und errettet vom Teufel und Tod, der muß dahin kommen, wo Christus ist. Wo ist er aber? Hier bei uns ist er und *darum* im Himmel gesessen, daß er nahe bei uns sei. So sind wir bei ihm da oben und er bei uns hier unten. Durch die Predigt kommt er herab, so kommen wir durch den Glauben hinauf."

Sprecher:

Soweit ein Theologe. Ob diese Antwort beide befriedigt hat? Ich weiß es nicht. Vielleicht können sie sich einigen auf die kurze Formel, auf die man die Himmelfahrtsgeschichte einmal gebracht hat: Christus ist nie mehr weiter von uns entfernt als ein Gebet weit. — Immerhin, sie ge-

hören ja beide zu einer Christenheit, in der man singt:
Jesus Christus herrscht als König.

Gemeinde:

Jesus Christus herrscht als König ... (EKG 96)

PART III

Sprecher:

Aber noch von einer ganz anderen Seite her werden Christen um der Himmelfahrt Jesu willen gefragt: von den Kommunisten und Atheisten. Ihnen ist kein Beweis willkommener für die Absurdität biblischer Behauptungen als eben die Geschichte von der Himmelfahrt. Nirgendwo werde deutlicher, daß Christen auf etwas Unwirkliches setzen als in ihrem Glauben an dieses Ereignis, sagen die Kommunisten. Und sie spotten:

Sprecherin:

Die Bibel sagt, vor langer Zeit
flog Gottes eigner Sohn
bei Tagesanbruch himmelwärts
zu seines Vaters Thron.
Seit diesem Tag erwartet man
den Gottessohn zurück,
doch wartet man noch heut darauf
und hat damit kein Glück.
Tass meldet, heut zum ersten Mal
flog eines Menschen Sohn,
bei Tagesanbruch himmelwärts
aus der Sowjetunion.
Zum zweiten Frühstück meldet Tass:
Gagarin ist zurück
von seiner ersten Himmelfahrt
und wünscht uns allen Glück.
Denn er sucht kein Paradies im Himmel,
weil er dabei nicht vergißt,

daß ein Paradies auf Erden
besser für die Menschen ist.

Sprecher:

Die Bestätigung des leeren Himmels durch die Raumfahrer spielt in der antichristlichen Propaganda eine erhebliche Rolle, aber es wird auch mit anderen Argumenten versucht, Menschen von der Unmöglichkeit dieser christlichen Position zu überzeugen. Karl Eberhard von Schnizler, Chefkommentator des Ostrundfunks:

Zitator:

Wir sind heute Zeugen und — bewußt oder unbewußt — Mitwirkende bei einem sprunghaften Fortschreiten der wissenschaftlichen Erkenntnis. Täglich schieben Wissenschaftler, auch christliche, die Grenzen der menschlichen Erkenntnis weiter hinaus. Täglich wird der materielle und geistige Raum, den der Mensch ausfüllt, größer. Und der Raum, in dem nach jahrtausendealter Überlieferung der unerforschliche Ratschluß eines höheren Wesens walten soll, kleiner ... Das Dogma von der Erbsünde zerbröckelt, seit der Mensch im Begriff ist, die Erde zu verlassen und in den Weltenraum vorzustoßen. Daß Jesus Christus als Gottessohn für die Menschen gestorben sei, kann nur so lange Glauben finden, bis der Mensch auf einen anderen Himmel und auf andere Lebewesen stößt. Wer ist für sie gestorben? Hat Gott noch mehr Söhne gehabt? Schon heute ziehen Gestirne in dem angeblich Gott allein unterworfenen Weltall ihre Bahnen, die ihnen der Mensch vorschreibt. Es ist nicht so, daß die Religionen abgeschafft werden, daß Gott abgesetzt wird, daß dem Menschen die Religion aus dem Herzen gerissen wird oder wie sonst alberne Reden lauten, sondern die Glaubenssysteme werden mit jeder wissenschaftlichen Erkenntnis und ihrer Verbreitung schrittweise durch die Wissenschaft ersetzt.

Sprecher:

Nun, wie äußern sich Christen gegenüber solchen Gedanken?

1. Christ:

Leider muß zugegeben werden, daß wir als Christen oft selbst schuld sind an dem Gottesbegriff, den Herr von Schnizler ad absurdum zu führen versucht. Es hat Christen gegeben und gibt sie noch, die immer dann von Gott reden, wenn irgend etwas nicht natürlich erklärt werden kann. Carl Friedrich von Weizsäcker dagegen sagt: Die Lücken der Erkenntnis werden zum Argument für die Existenz Gottes. Dies ist wohl die schlechteste mögliche Form eines Gottesbeweises, denn Erkenntnislücken pflegen sich zu schließen, und Gott ist kein Lückenbüßer. So sollte man also nicht durch den Hinweis auf die Grenzen menschlicher Erkenntnismöglichkeiten gewisse Lücken krampfhaft aufzuzeigen versuchen, um dann Gott noch an diesen äußersten Lücken einzufügen. — Mit solchen Vorstellungen von einem Lückenbüßer-Gott hat man es jedenfalls den Gegnern leicht gemacht, aber das ist ja gar nicht der Gott der Bibel. Der hat, wie einer sagte, keine Hütte zwischen den Sternen.

2. Christ:

Wenn Kommunisten behaupten, daß der Vorstoß der künstlichen Monde in den Himmel das Nichtvorhandensein Gottes wissenschaftlich erwiesen und damit die Wahrheit der atheistischen Weltanschauung eindeutig erhärtet habe, so kann man nur fragen: Welchen Gott meinen sie, von welch einem Himmel reden sie? Jedenfalls ist der Himmel nicht ein Stück des Weltalls irgendwo zwischen den Sternen. In dieser Beziehung haben uns die Wissenschaftler gezwungen, die Bibel exakter zu fragen, was sie über den Himmel aussagt. Dabei zeigt sich dann, daß auch das Weltall ein Stück Schöpfung ist. Die Bibel verbietet nicht, das Weltall zu erforschen. Ob den irdischen Planern gelingt, ins Weltall vorzustoßen, ist eine Frage der Technik und nicht des Glaubens oder Unglaubens.

Sprecher:

Daß mit der Himmelfahrt Jesu keine Raumfrage, sondern eine Sachfrage aufgeworfen worden ist, kennzeichnet die

Argumentation von Generalsuperintendent Günter Jakob, Cottbus, gegen die kommunistischen Anwürfe:

Zitator:

Wir können es mit unseren Kritikern nur begrüßen, wenn phantastischen Vorstellungen von einem Gott, der Wohnraum und Arbeitsplatz innerhalb eines Weltraums als Basis für seine Existenz benötigt, in der klaren Luft wissenschaftlicher Erkenntnisse ein Ende gesetzt wird. Aber einer solchen Belehrung durch die Wissenschaft bedurfte es nicht. Die biblische Botschaft selbst hat in der Absage an die den Himmel bevölkernden Götter und Gottheiten und in der Bezeugung des einen Gottes, der den Himmel und die Erde geschaffen hat, solchen Vorstellungen in aller Eindringlichkeit längst ein Ende gesetzt ... Der ideologische Angriff, der im Zusammenhang mit dem Start der künstlichen Monde gegen uns vorgetragen wird, trifft vielleicht Leute, die sich noch mit religiösen Abfällen aus den Mülleimern des 19. Jahrhunderts beschäftigen. Er trifft aber uns Christen nicht, die wir mit solchen Zerrbildern nichts zu tun haben.

Sprecher:

Es gibt also gar keine gemeinsame Diskussionsgrundlage zwischen Christen und Kommunisten, auch nicht in Sachen „Himmelfahrt". Und doch — könnten nicht die folgenden Verse eine Beziehung schaffen? Sie stammen von einem schreibenden Arbeiter aus der DDR:

Zitator:

Ich glaube, sagt der Christ, der Himmel ist Gottes und Stätte des ewigen Lebens.
Ich weiß, sagt der Atheist, der Himmel ist unser und offen dem forschenden Menschen.
Ihr mögt, sagt der Kommunist, über den Himmel verschiedener Ansicht sein, doch sorget gemeinsam, daß die Erde nicht werde zur Hölle.

Sprecherin:

Die Welt soll unser Himmel sein
und frei von Krieg und Not.

Sprecher:

Die Welt — unser Himmel? Geht das nicht zu weit? Müssen
Christen sich dagegen nicht wehren?

1. Christ:

Nein, warum auch? Die Himmel, hat Friedrich Heer einmal
gesagt, sind in den Beziehungen der Menschen zugegen.
Sie sind überall dort, wo Menschen einander in der Wahrheit, in Gott lieben und miteinander die Kräfte erschließen,
die Gott ihnen gegeben hat.

2. Christ:

Ja und dort, wo die Zeichen der Macht Christi unter uns
sind, da einer seinem Feind vergibt, sich für Wehrlose ein-
setzt, sich der Hungernden erbarmt ...

Sprecherin:

Die Welt soll unser Himmel sein
und frei von Krieg und Not ...

PART IV

Sprecher:

Die Erforschung des Weltraums mit Hilfe bemannter Rake-
ten hat die allgemeine Phantasie in einer Weise beflügelt,
daß das Thema Himmelfahrt wie ein Ventil wirkt. Es gibt
Zeitgenossen, die sich durch dieses Ventil Luft machen.
Sie meinen, nun sei alles fragwürdig geworden und glauben sich dabei unterstützt von einigen Äußerungen der
Astronauten, die wie zum Beispiel Titow erklären:

Titow:

Zwar gibt es Leute, die sagen, da drüben gäbe es Gott, aber
auf meinem Flug rund um die Erde habe ich den ganzen

Tag danach ausgeschaut und ihn nicht gesehen. Ich sah weder Gott noch Engel. Im Weltraum herrscht absolute Stille, es gibt keine Atmosphäre, der Ton kann sich also nicht fortpflanzen. Ob man betet oder nicht, ist dann egal. Der liebe Gott kann einen sowieso nicht hören. Doch um den Ernst zu wahren, ich habe nie an Gott geglaubt.

Sprecher:

Und Major Gagarin hat erklärt:

Gagarin:

Ich bin draußen gewesen, außerhalb des Wirkungsfeldes der Erde in dem großen, weiten, leeren Weltenraum. Ja, er ist leer. Ich bin es nun, der dieser furchtbaren Leere jetzt den Inhalt bringt, den Sinn, auch den Nutzwert, das Leben, die Gerechtigkeit. Ich proklamiere mich zum Herrn des Kosmos.

Zitator:

Jahrhundert, du zwanzigstes, sei uns gepriesen,
es singt dir zum Ruhme der Völker Millionen Chor,
was Propheten gedeutet und was die Astronauten verhießen,
hast du verwirklicht wie keine Zeit je zuvor.
Laßt uns voll Stolz die Perspektive verkünden,
Epochen nach Lichtjahren rechnend künden sich an,
es stürmt den Äther und taucht in den Meeresabgründen
der schwerelose, der atomare Titan.

Sprecher:

Weil also für viele Menschen die Raumflüge und die Äußerungen der russischen Astronauten zu Quellen religiöser Zweifel geworden sind, darum hat man auch amerikanische Astronauten nach ihrer religiösen Einstellung gefragt, zum Beispiel John Glenn.

Glenn:

Der Gott, an den ich glaube, ist nicht so klein, daß ich erwartet hätte, ihn dort oben zu treffen ... Ich glaube nicht, daß wir dadurch, daß wir mehr lernen, in die Lage kommen, uns selber an Gottes Stelle zu setzen. Im Gegenteil. Die Dinge, die wir lernen, sind so unverständlich, sind so mysteriös, sie fügen der Unwissenheit und dem Geheimnis so viele Probleme zu, daß ich zum Schluß gekommen bin, es muß ganz einfach eine Form von Schöpfung des Kosmos, eine Ordnung da sein ... Da unsre Kenntnis von dem Weltall, in dem wir leben, wächst, möge Gott uns die Wahrheit und Führung verleihen, sie klug zu nutzen.

Sprecher:

Auch andere Astronauten hat man interviewt, unter anderen Cooper und Conrad. Herrn Cooper hat man gefragt: Haben Sie da oben nicht noch etwas mehr erfahren außer einigen wissenschaftlichen Erkenntnissen? Was haben Sie beispielsweise für Erkenntnisse im geistigen Bereich gewonnen?

Cooper:

Aus der Weltraumperspektive erscheint der Mensch unbedeutend, und man wundert sich, daß es Leute gibt, die an der Existenz Gottes zweifeln können, der so gewaltige Wunder und auch den unermeßlichen Weltraum geschaffen hat.

Sprecher:

Und wie steht es um Ihre eigene Vorbereitung auf ein solches Unternehmen? Kann Ihnen Ihr Glaube dabei irgendwie helfen?

Cooper:

Ich glaube, er trägt eine Menge dazu bei. Wir müssen sehr hart arbeiten, und ich bin sicher, daß unsere religiöse Überzeugung uns während der langwierigen und anstrengenden Vorbereitung eine wertvolle Hilfe gewesen ist.

Sprecher:

Herr Conrad wurde gefragt: Haben Sie sich, was den Glauben angeht, noch besonders auf Ihren Weltraumflug vorbereitet? Ich meine, haben Sie neue Erkenntnisse gewonnen,

53

abgesehen davon, daß es Ihnen vergönnt war, die Schöpfung aus einer ganz ungewöhnlichen Perspektive zu sehen?

Conrad:

Ich bin jetzt überzeugt, daß jeder Mann zu jeder Zeit daran denken sollte, daß Gott allgegenwärtig ist. Darum sollte jeder einzelne, einerlei, welchen Beruf er ausübt, sich zu einem Glauben bekennen und auch im Sinne seiner Religion leben. Wir hatten jedenfalls das ganz bestimmte Gefühl, daß Gott während unseres Fluges bei uns war.

Sprecher:

Sie sind also nicht in den Weltraum geflogen, um ihn dort zu finden?

Conrad:

Nein, gewiß nicht. Ich weiß, daß er überall ist.

Sprecher:

In einem modernen Himmelfahrtslied heißt es:

Sprecherin:

Sie haben den Weltraum durchflogen,
die ersten der Menschen im All.
Sie kamen herunter und sprachen:
den Gott, den ihr glaubt, gibt es nicht.
Gott war in dem Christus auf Erden,
er hat uns den Himmel gebracht.
Er ist nicht in Fernen zu finden;
der Gott, den wir glauben, ist nah.

Sprecher:

„Ich bin bei euch alle Tage bis an der Welt Ende", sagt die Bibel. Das ist die Konsequenz aus der Himmelfahrt Jesu. Und im Glaubensbekenntnis sprechen wir es aus: „... aufgefahren gen Himmel, sitzend zur Rechten Gottes, des allmächtigen Vaters ..."

Was fangen Sie mit Pfingsten an?

An der folgenden Befragung nehmen zehn Personen teil. Sie verkörpern

einen Sprecher	eine Frau
einen Rundfunksprecher	einen Mann
einen Schüler	einen Kritiker
einen Unternehmer	einen Prediger
einen Rabbiner	den Evangelisten Lukas

Sprecher:

„Pfingsten, das liebliche Fest war gekommen ..." Es war gekommen, und es kommt alle Jahre wieder. Was ist Pfingsten? Der Rundfunk meldet:

Rundfunksprecher:

Sie hören eine Verkehrsübersicht. Über die Pfingstfeiertage ist mit einem verstärkten Verkehrsaufkommen zu rechnen. In Baden-Württemberg ist besonders auf der Autobahn beim Stuttgarter Dreieck und beim Albaufstieg zähflüssiger Verkehr zu erwarten. Polizeihubschrauber sind im Einsatz. Die Autofahrer werden gebeten, immer wieder auf Nebenstraßen auszuweichen, rechts zu fahren, keine unnötigen Überholmanöver zu riskieren und bei Übermüdung Pausen einzulegen.

Sprecher:

Ein Schüler schreibt in einem Schulaufsatz:

Schüler:

An Pfingsten machten wir einen schönen Ausflug. Schon ganz früh mußten wir aufstehen. Um sieben Uhr wollten wir mit dem Auto fortfahren. Wir blieben zwei Tage fort, denn an Pfingsten sind zwei Feiertage. Das war schön. Mein Vater konnte nicht so schnell fahren wie sonst, weil so viele Autos auf den Straßen waren. Auch auf der Burg, die wir besuchten, waren viele Leute. Wir bekamen fast kein Getränk mehr. Wie die Burg heißt, habe ich vergessen. Dann fuhren wir weiter. Das Schönste am Ausflug war, daß meiner Schwester nicht übel wurde. Sonst mußten wir immer ihretwegen Halt machen. Pfingstferien sind prima.

Sprecher:

Was ist Pfingsten? Ein Unternehmer urteilt noch einmal anders:

Unternehmer:

Mich kostet Pfingsten viel Geld. Als Verantwortlicher eines Betriebs habe ich auch für den Pfingstmontag Löhne auszubezahlen, obwohl keine Arbeit geleistet wird. Pfingsten ist, wie übrigens alle christlichen Feste, eine teure Angelegenheit.

Sprecher:

Was ist Pfingsten? Sicher sind im Kalender die Zahlen rot: Sonntag und Montag. Das hat Konsequenzen für den Straßenverkehr, wirkt sich in der Unfallstatistik aus, erzeugt Freude bei denen, die Ferien und Urlaub haben, und Mißvergnügen bei denen, die bezahlen müssen. Damit ist aber Pfingsten noch nicht umschrieben.
Wir haben uns sagen lassen, daß Pfingsten ein uraltes jüdisches Fest ist, das die Juden schon lange vor Christus gefeiert haben. Wir befragen einen, der es wissen muß, einen Rabbiner.

Rabbiner:

Dieses Pfingstfest ist für die Juden ursprünglich das Wochenfest. Es ist ein altes Wallfahrtsfest, wie Passahfest und Laubhüttenfest. Es ist aber viel ärmer an Symbolen als die beiden anderen Feste. Trotzdem war es üblich, die Synagogen und die Häuser mit Blumen und Grün zu schmücken. Es wurde am 50. Tag nach Ostern gefeiert, sieben Wochen nach dem 16. Nisan. Von Ostern an zählen wir heute noch die Tage bis Pfingsten, und machen dadurch deutlich, daß unsere Tage vergehen. „Lehre uns unsere Tage zählen", steht in Psalm 90. Wir wissen, daß wir vergängliche Menschen sind, daß unsere Tage gezählt sind. Darum sind wir dankbar für jeden Tag. Im Lauf der Jahrhunderte hat dieses Fest immer neue Bedeutungen bekommen. Der 50. Tag nach Ostern wurde zum großen Erntedankfest, an dem wir immer der ersten Früchte gedenken. Aber es ist für die Juden in der Diaspora, z. B. auch heute in Deutschland, sehr schwer, Erntedankfest zu feiern, wenn es noch nichts zu ernten gibt. Da zudem auch die Landwirtschaft eine immer geringere Bedeutung hatte, bekam das Pfingstfest, schon im Spätjudentum, den Sinn einer Festversammlung. Bei dieser Versammlung gedachte man der Zehn Gebote, oder der Zehn Worte, wie wir lieber sagen. Wir feiern an Pfingsten den Geburtstag der Zehn Worte, die einst auf dem Sinai an Mose und das Volk übergeben wurden. Wenn wir Juden Pfingsten feiern, dann besinnen wir uns zurück zum Berg Sinai. Wir versetzen uns zurück in diese Oase Gottes. Der Sinai gehört Gott und sonst niemand. Dort, wo der Bund Gottes mit uns begann, wollen wir wieder beginnen. Und weil der Sinai ganz Gott gehört, darum gehören auch die Gebote Gottes allen Völkern und nicht nur unserem Volk. Im Feuer wurden die Zehn Worte dem Mose und damit dem Volk übergeben. Dieser besonderen Feuer-Offenbarung gedenken wir an Pfingsten. Gott hat mit uns einen Bund gemacht. Und diesen Bund wollen wir immer wieder erneuern. Die Propheten taten auch nichts anderes, als unser Volk an die Gebote, an den Bund Gottes zu erinnern.

Sprecher:

Wenn wir heute Pfingsten feiern, feiern wir dann Erntedankfest? Oder denken wir an die Zehn Gebote? Eigentlich nicht. Und trotzdem halten wir Pfingsten. Was ist Pfingsten?
Ich frage einmal die christliche Gemeinde selbst, was sie unter Pfingsten versteht. Zunächst einmal eine Frau: Sagen Sie bitte, was ist Pfingsten?

Frau:

Pfingsten? Da kam doch der Heilige Geist. Und da hat unsere Kirche Geburtstag. So hat man mir erzählt. Und das glaube ich auch.

Sprecher:

Das ist eine Aussage. Immerhin ist darin bereits vom Heiligen Geist die Rede und von der Kirche. Ich frage einmal einen Mann, der sich schon einmal sehr kritisch zum Problem „Kirche" geäußert hat.

Kritiker:

Mit Pfingsten fange ich nicht viel an. Ich habe gehört, daß sich damals der Heilige Geist auf einzelne Menschen gesetzt habe, die dann plötzlich fremde Sprachen hätten sprechen können. Das kann ich nicht glauben. Das zu glauben ist eine Zumutung. „Das Wunder ist des Glaubens liebstes Kind", sagt man. Und je größer der Glaube, um so größer das Wunder. Ich glaube schon, daß es so etwas wie einen ewigen Gottesgeist geben muß. Was der mit Pfingsten zu tun haben soll, weiß ich nicht.

Sprecher:

Auch vom Kritiker sind weitere Einzelheiten über Pfingsten zu erfahren: Der Heilige Geist habe sich auf Einzelne gesetzt und die Jünger hätten fremde Sprachen sprechen können. Das alles genügt noch nicht. Ich frage einen anderen Mann!

Mann:

Pfingsten ist der Tag, an dem die Jünger Jesu glaubten, daß ihr Herr vom Tod auferstanden ist. Die Jünger hatten ihre Angst verloren und begannen nun zu reden. Sie predigten von Jesus als ihrem Herrn und setzten ihre Mitmenschen in Staunen. Ich glaube, daß Pfingsten etwas mit Ostern zu tun hat.

Sprecher:

Und was ist Pfingsten für Sie heute?

Mann:

Es darf nicht nur ein Gedenktag sein. Auch heute ist es noch so: Wenn ein Mensch glaubt, daß Jesus auferstanden ist, heute lebt und heute und für immer sein Herr ist, dann ist für diesen Menschen Pfingsten geworden, ob das nun 50 Tage nach Ostern oder wann auch immer geschah oder geschieht.

Sprecher:

Pfingsten also ist nicht nur ein Datum der Geschichte, sondern auch Gegenwart. Was sagt dazu die offizielle Kirche? Alle Jahre verabschieden die Präsidenten des Ökumenischen Rates der Kirchen eine Pfingstbotschaft an alle Kirchen und Gemeinden der Erde. Darin heißt es einmal:

Prediger:

„Der Heilige Geist, der am Pfingstfest durch die Apostel redete, überwand die sprachlichen und kulturellen Unterschiede, weil er von den wesentlichen und fundamentalen Dingen sprach, die Gott getan hat und tut. Sollten wir nicht daraus lernen, daß wir heute wahre Einheit nur dann finden und unsere Spaltungen nur dann überwinden werden, wenn wir an den grundlegenden Wahrheiten des apostolischen Glaubens entschlossen festhalten, Wahrheiten, die die großen Taten Gottes bekunden? Wir brauchen uns um die Zukunft der Kirche und die Sache der christlichen Einheit nicht zu sorgen, wenn wir nur immer wieder neu bereit sind, das pfingstliche Zeugnis zu vernehmen." (Aus der Pfingstbotschaft des Jahres 1973.)

Sprecher:

Pfingsten geht also heute alle Christen auf der ganzen Erde an. So meint diese Botschaft. Wer also heute „Pfingsten" sagt, muß immer dazu sagen, was er damit meint. Der ferienbegeisterte Schüler redet anders als der kritische Karteichrist, der Vertreter der Ökumene anders als der Rabbiner.
Wir befragen am besten noch den Mann, dem wir als Christen den Bericht von Pfingsten verdanken, Lukas. Herr Lukas! Wir finden in Ihrer Geschichte über die Tätigkeit der Apostel einen Bericht über Pfingsten. Es ist übrigens der einzige Bericht, der über das christliche Pfingsten vorliegt. Was wollten Sie mit diesem Bericht? Wozu schrieben Sie ihn auf?

Lukas:

Ich danke Ihnen für diese Frage. Es ist gut, daß Sie mich nach der Absicht meines Berichts fragen. Und um Ihnen zu antworten, will ich sagen: Ich wollte nichts anderes als ganz schlicht erklären, wie es dazu gekommen war, daß plötzlich überall christliche Gemeinden bestanden, daß die christliche Kirche da war.

Sprecher:

Ich verstehe Ihr Anliegen.

Lukas:

Sie müssen ja wissen: Ich selber bin kein Jünger Jesu gewesen. Ich kannte Jesus nicht von Angesicht. Ich bin erst viel später zur Gemeinde der Christen gestoßen. Und in der Gemeinde, in der ich später arbeitete, wollte man wissen, wie es eigentlich dazu kam. Nun war ich als Gemeindemitarbeiter gefragt, wie es zur Gemeindebildung kam, wie die Botschaft von Jesus die Grenze des jüdischen Volkes übersprang, wie aus den Berichten uns bekannte, beim Tod Jesu so ängstliche Männer wie Petrus plötzlich von Jesus zu predigen anfingen, und wie schließlich dieser früher so ängstliche Petrus zum fast wichtigsten Mann in der Gemeinde wurde.

Sprecher:

Ein interessantes Anliegen. Ich verstehe sehr gut, daß Ihre Gemeindeglieder und viele andere wissen wollten, woher eigentlich ihr Glaube kam.

Lukas:

Ich wollte durch meinen Pfingstbericht, wie Sie ihn nennen, erklären, daß Menschen an Jesus, den Auferstandenen, glaubten, und daß und wie zu ihnen der Geist Gottes gekommen war.

Sprecher:

Sie können das aber nicht aus eigener Anschauung berichten.

Lukas:

Nein! Ich sagte es ja schon: Ich stieß erst viel später zur Gemeinde und war dann mit Paulus immer wieder unterwegs. Aber die Ergebnisse sah ich vor mir: Christengemeinden, die an Jesus als den Auferstandenen glaubten. Ich sah Gemeinden vor mir, die ihren Mann standen, die treu zu Jesus und treu zueinander hielten. Und Petrus war ein Mann, auf den man gehört hatte. Er war in der Zwischenzeit allerdings schon gestorben.

Sprecher:

Wie sind Sie zu den Berichten gekommen?

Lukas:

Sie wissen ja: Ich war ein Sammler. Alle Berichte und Notizen über Jesus und die Apostel habe ich gesammelt. Was ich nur erfahren konnte, habe ich mir notiert. Aber nun war ich im Blick auf Pfingsten in einer schwierigen Lage. Es gab in den Gemeinden keine einheitliche, einhellige Meinung über den Anfang der christlichen Gemeinde. Nun, das war auch nicht verwunderlich. 50 Jahre waren seit dem Tod Jesu vergangen. Und die anderen hatten nicht alles so fein säuberlich aufgeschrieben, wie ich es später versuchte. Da hat man mehr dem gesprochenen und erzählten Wort vertraut, und auch der Bedeutung und Deutung, die man hörte.

Sprecher:

Welche Meinungen hörten Sie über Pfingsten?

Lukas:

Zwei Meinungen vor allem, neben vielen anderen, kamen mir gut zustatten. Sie erklärten vieles. Es waren wohl zwei in sich verschiedene Berichte. Aber mit ihnen konnte ich das, was ich sagen wollte, am besten weitersagen. Der *eine* Bericht hatte Ähnlichkeit mit dem, was mir von Paulus aus seinen Briefen nach Korinth bekannt war und was ich selber erlebte: daß Menschen mit anderen Zungen redeten.

Sprecher:

Wie ist das zu verstehen?

Lukas:

Die Jünger fielen auf durch ein geisterfülltes Reden, das andere nicht verstanden. Es waren Laute und Worte, die niemand auf der Erde verstehen konnte. Es waren überirdische Laute. Die Jünger waren so erfüllt von ihrem neuen Leben, daß sie in diesem besonderen Reden ihr Inneres, ihre inneren Vorgänge, ausdrücken mußten. Sie waren ganz außer sich.

Sprecher:

Konnte man sich das erklären?

Lukas:

Man sah darin die Erfüllung der prophetischen Verheißung aus Joel 3. Dort steht: „Eure Jünglinge sollen Gesichte sehen und eure Alten sollen Träume haben." Das etwa war der Inhalt des ersten Berichts. Der andere mir wichtige Bericht hatte zwölf Völker-, Länder- und Städtenamen zum Inhalt. Damit war die Meinung verbunden, daß die Jünger plötzlich in fremden Sprachen, in den Sprachen dieser Völker also, sprechen konnten.

Sprecher:

Wie erklären Sie sich diese Verschiedenheit?

Lukas:

Vielleicht steckt dahinter sogar derselbe Bericht, derselbe Vorgang. Wissen Sie, in meiner griechischen Muttersprache wird mit „anderen Zungen" und in „fremden Sprachen" mit denselben Worten ausgedrückt. Je nach dem Zusammenhang ergab sich ein anderer Sinn. Mir ging es nun nicht darum, herauszubekommen, was historisch genau geschehen war. Vielmehr wollte ich aus diesen Berichten das Bedeutsame heraushören und von daher die anderen Traditionen untersuchen.
Auf jeden Fall: es mußte etwas ganz Großes geschehen sein.

Das war uns allen klar. Denn wenn Menschen Hab und Gut verlassen und in die Welt hinausziehen und von Jesus erzählen, dann konnte das nicht nichts sein!

Sprecher:

Wie gingen Sie nun vor?

Lukas:

Sie wissen aus meinem Evangelium, daß die Ostererscheinungen Jesu aufhörten. Die Himmelfahrt Jesu, der Weggang nach oben, war die letzte Erscheinung, einmal von der besonderen Erscheinung bei Paulus abgesehen. Diese Himmelfahrt Jesu legte ich auf den 40. Tag nach Ostern fest, obwohl ich nicht genau wußte, wann sie gewesen war. An diesem Himmelfahrtstag waren die Jünger immer noch passiv. Sie mußten immer noch getrieben werden. Sie waren immer noch für sich und beschäftigten sich immer noch mit sich selbst. So war es eigentlich klar, daß das bewegende Ereignis, das Umkrempeln, das Neuwerden erst anschließend gewesen sein konnte. Erst *nach* der Himmelfahrt Jesu konnte ich also meinen Bericht von der Überwindung der Angst, vom überzeugten Reden von Jesu Auferstehung ansetzen. Und da bot sich das Pfingstfest an, das jüdische Pfingstfest, das als Erntedankfest und als Fest der Zehn Gebote vom Sinai begangen wurde.

Sprecher:

Sind die anderen Evangelisten gleicher Meinung?

Lukas:

Ich habe später bei Johannes entdeckt, daß er kein Pfingsten kennt, wie ich es beschrieben habe. In seinem Evangelium bekommen die Jünger den Geist am Ostertag, in Jerusalem. Das war mir nun auch wichtig: Jerusalem. In Jerusalem, dort, wo Jesu irdisches Leben endete, dort sollte der Neuanfang sein, nirgendwo anders. Jerusalem war immer zugleich auch der Treffpunkt der Welt. Und wie bei anderen Wallfahrtsfesten waren am Pfingstfest in Jerusalem viele

Gäste, neben den vielen Auslandsjuden aus aller Welt, die bereits wieder in Jerusalem ihren festen Wohnsitz hatten, und die also doch wohl ihre Heimat- und Wahlheimatsprache beherrschten.

Sprecher:

Damit erklären Sie sich dann die verschiedenen Völker und Sprachen, von denen in Ihrem Bericht steht.

Lukas:

Natürlich kommt das daher. Es lag nahe, die Verheißung aus dem Alten Testament, aus Joel, hier erfüllt zu sehen, als nämlich die Jünger voller Freude Jesus als ihren Herrn bekannten. Daß diese Freude für viele unverständlich war, ist doch klar. Daß man sie als verrückt bezeichnete, und nur den Kopf über sie schüttelte, ist auch klar. Mit Freude nahm ich dazu noch die Tradition des jüdischen Pfingstfestes auf. Das Feuer des Sinai, das Feuer des alten Bundes, wurde zum Feuer des neuen Bundes, und der Geist Gottes legte sich wie Feuer auf jeden einzelnen Jünger. Der Geist kam wie Wind. Wind und Geist sind in meiner griechischen Heimatsprache wieder nur *ein* Wort. Feuer und Wind sind zudem die alten Zeichen der Gottesoffenbarung, nicht nur am Sinai. Es gab für mich nun keine bessere Möglichkeit, diesen Vorgang des Glaubens an die Tradition des alten Bundes anzuschließen.

Sprecher:

Das machte doch wohl den Christen, die aus dem jüdischen Volk kamen, die Einsicht leichter. Damit war die Rückbindung an die Geschichte des jüdischen Volkes gegeben.

Lukas:

Ja! Und nun mußte ich den Weg nach vorne aufzeigen. Die Völkertafel mit den zwölf Namen half hier mit. Ich dachte über die zwölf Stämme Israels nach und über die zwölf Jünger, die sich in der Völkertafel wiederfinden. Mir half auch die Tatsache, daß in Jerusalem alle Sprachen der Welt präsent waren. Dies bot die beste Gelegenheit, die Weltweite der Jesusbotschaft aufzuzeigen. Rom war der letzte

Name. Von Jerusalem bis Rom sollte die Botschaft gehen, von der jüdischen Hauptstadt in die Welthauptstadt. Diesen Weg habe ich auch in meiner ganzen Apostelgeschichte aufgezeigt: von Jerusalem bis nach Rom. Die Apostel gaben einander die Staffette weiter. Petrus begann, Paulus machte weiter und ging zu den Völkern des Mittelmeerraums bis nach Rom.

Sprecher:

Nun frage ich einmal ganz dumm: Hat denn Petrus plötzlich lateinisch sprechen können?

Lukas:

Das brauchte er doch nicht. Die Leute in Jerusalem verstanden doch alle Hebräisch oder Aramäisch. Der Grund für die Völkertafel war nicht das Sprachenwunder der Jünger, sondern das Missionswunder: Dorthin kam die Botschaft, in all diese Völker, Länder und Städte. Sogar bis nach Rom. Bis nach Rom, in die heidnische, gottwidrige Metropole. Sie müssen wissen: Im Jahre 80 brauchten wir diesen Hinweis. Petrus und Paulus waren in Rom als Märtyrer gestorben. Aber dieser Pfingstbericht sagte uns im Jahre 80: Jesus ist auch in Rom. Er macht nicht Halt vor Rom. Er macht nicht Halt vor dem Kaiser, scheut sich vor keinem Volk und überwindet alle Hemmnisse.

Sprecher:

Von Jerusalem bis Rom ging die Botschaft. Und sie ging darüber weit hinaus. 99 % aller Menschen können heute in den heute bekannten Sprachen die Botschaft von Jesus hören. Können Sie über diese Botschaft von Jesus noch etwas sagen?

Lukas:

Gerne. Denn die Botschaft war es ja, die die Jünger überwältigte, und mit der sie in die Welt gingen. Sie gingen ohne Angst. Und darum hält Petrus in meinem Pfingstbericht eine geradezu programmatische und exemplarische Predigt an die Juden, an alle Juden, woher sie auch sein mochten. Aus dem alten Bund wird dem Volk aufgezeigt, was geschehen war, daß hier Menschen vom Geist Gottes überwältigt wurden, und zwar von der unglaublichen Botschaft: „Jesus ist vom Tod erstanden und ist jetzt im Geist gegenwärtig. Gott hat Jesus zum Herrn und Christus gemacht."

Sprecher:

„Jesus ist Herr und Christus!" Das ist doch das kurze Bekenntnis der Christen gewesen.

Lukas:

Ja. Und dieses Bekenntnis von und zu Jesus konnte nicht bei Petrus und den Aposteln geblieben sein. Denn ich lebte in einer großen Gemeinde im Jahre 80, in einer Gemeinde von lebendigen Christen. In Ephesus und in Rom gab es Christen. Es mußte irgendwie gezündet haben. Man kann das nur umschreiben, nicht beschreiben — wie Wind, wie Feuer. Und das muß damals bald nach Ostern gewesen sein. Und die Gemeinde wuchs und wuchs.

Sprecher:

Sie haben eine gute Begründung für die Gemeinde geschrieben. Ist das nicht mehr als eine bloße Zweckangabe?

Lukas:

Sicher. Ehrlich gesagt, ich wollte meiner Gemeinde und meinen Lesern nicht nur zeigen, wie es zu Glaube und Gemeinde gekommen war, sondern ich wollte sie mit meinem Bericht zu Glaube und Gemeinde ermuntern, sie zum Glauben locken, zur Gemeinde einladen und sie bitten, immer mehr und immer wieder von Jesus hören zu wollen. Und mein Wunsch war, daß Pfingsten kein Datum der Vergangenheit bliebe, sondern zu einem Vorgang in der Gegenwart würde.

Sprecher:

Wissen wir jetzt, was Pfingsten ist?
Und — was ist Pfingsten für Sie?

Der dreieinige Gott

Die Trinitätslehre ist in der Heiligen Schrift nicht ausgebildet. Sie ist ein Dogma der Kirche. Ihre Ausbildung ist unter dogmatischen und kirchenpolitischen Kämpfen erfolgt. Dabei hat es sich freilich keineswegs um verworrene Lehrstreitigkeiten gehandelt. War das trinitarische Dogma im Neuen Testament auch nicht ausgebildet, so doch vorgebildet. Die Offenbarung Gottes geschah in dreifacher Weise: der Vater sandte den Sohn, beide zusammen den Geist, durch den das Geheimnis der Offenbarung sich erschließt. Die Trinitätslehre will das Wunder dieser Gottesoffenbarung nicht erklären, vielmehr bezeichnen und behüten.

In dem Gespräch zwischen dem Zweifler und dem Prediger soll auf die Fragen, die hier aufbrechen, eine Antwort versucht werden. Die Bibeltexte werden von drei Sprechern vorgetragen, von denen der erste auf den Vater, der zweite auf den Sohn, der dritte auf den Geist verweist.

Der Prediger:

Der heutige Festtag der Kirche ruft uns zur Anbetung. Er gleicht einem vorgelagerten Berg, von dem aus man eine ganze Gebirgskette überblicken kann. Advent, Christfest, Karfreitag, Ostern und Pfingsten — alle diese Festtage, die wir miteinander gefeiert haben, werden noch einmal in unser Blickfeld gerückt. Alles, was Gott zu unsrem Heil getan hat, wird uns noch einmal bewußt. Er schweigt uns nicht an, wie er wohl könnte! Er hat uns seine rettende Liebe zugewandt. Als Vater, Sohn und Geist hat er sich dieser von Natur so gottblinden Welt geoffenbart. Mit allen Engeln und Erlösten und mit allen, die auf Erden seinen Namen bekennen und auf sein Heil hoffen, wollen wir für dieses Wunder seiner Offenbarung danken und ihm, dem dreieinigen Gott, unsren Lobpreis darbieten!

Der Zweifler:

Schön haben Sie das gesagt — ich wollte, ich könnte es nachsprechen, nicht nur mit den Lippen, sondern als ein Mensch, der dieser Botschaft Glauben schenkt. Offen gestanden: ich komme nicht hinauf auf diesen Aussichtspunkt, von dem

Sie gesprochen haben. Der Anstieg scheint mir ausgesprochen schwierig zu sein.

Der Prediger:

Ich verstehe. Sie stoßen sich an dem Begriff Trinität, zu deutsch Dreieinigkeit. In der Tat, das ist nicht leicht zu fassen. Aber wäre Gott wirklich Gott, wenn er nicht größer als unser Begreifen wäre?

Der Zweifler:

Allerdings. Mit dem Zollstock unsrer Vernunft ist er nicht auszumessen. Ein begreiflicher Gott — nein! Der stünde mit Recht im Verdacht, nur ein Spiegelbild unsrer Sehnsüchte, Träume und Wünsche zu sein. — Sie dürfen meinen Einwurf nicht so verstehen, als ob ich ein platter Aufklärer wäre, der alles ablehnt, was er mit seiner Vernunft nicht fassen kann, oder gar ein Materialist, für den das Sichtbare, Meßbare — also was der Forschung zugänglich und durch sie beweisbar ist — das einzig Wirkliche ist. Ich spreche auch ein Vaterunser, ehe ich den Tag beginne und will gern zugeben, daß die Bibel griffbereit auf meinem Nachttisch liegt. Aber . . .

Der Prediger:

Darf ich Sie hier unterbrechen! Mit dem Glauben ist's wie mit einer Glocke: Hat sie einen Sprung, ist ihr Wohlklang zerstört. Rund, rein und ganz geglaubt oder gar nichts geglaubt! Das ist übrigens nicht meine Privatmeinung; so hat es Martin Luther gesagt, der ja doch, wie Sie gewiß zugeben, viel vom Glauben verstanden hat.

Der Zweifler:

Immerhin hat er, wenn ich mich recht erinnere, auch den Satz gesagt: „Gottes Wort soll die Artikel des Glaubens stellen, sonst niemand, auch kein Engel vom Himmel." Aber was die Lehre von der Dreieinigkeit betrifft, so bin ich doch wohl richtig informiert, wenn ich behaupte: Die wurde nicht im Rat der Engel ausgeheckt. Waren es nicht recht streitbare Theologen der Alten Kirche, die sie erdacht haben?

68

Der Prediger:

Sie haben recht. Der Begriff „Dreieinigkeit" steht nirgends in der Bibel. Die Trinitätslehre ist eine zum Dogma erhobene Lehre der Kirche. Sie wurde auf dem Konzil zu Nizäa, 325 n. Chr., beschlossen und auf dem Konzil zu Konstantinopel, 387 n. Chr., endgültig anerkannt. Aber hat es sich dabei um eigenmächtige, verstiegene Spekulation gehandelt? — Sie werden mir zugeben, daß in der Heiligen Schrift nicht nur so allgemein, auch nicht nur in der Einzahl von Gott die Rede ist. Da ist das vielstimmige Zeugnis von Gott, dem *Vater*, dem alles, was lebt und ist, sein Dasein verdankt.

Erster Sprecher:

Am Anfang schuf Gott Himmel und Erde . . . Der Herr, der ewige Gott, der die Enden der Erde geschaffen hat, wird nicht müde noch matt, sein Verstand ist unausforschlich . . . Du bist mein Vater, mein Gott und mein Hort, der mir hilft.

Der Prediger:

Da ist in derselben Bibel das Zeugnis der Evangelisten und Apostel von Gott, dem *Sohn*, der zu uns Menschen kam, ein Abglanz Gottes, ein Spiegel seiner Herrlichkeit.

Zweiter Sprecher:

„Und nun ein Erretter aus aller Not, von allem Übel, ein Erlöser vom Bösen! Ein Helfer, wie die Bibel den Herrn Christus darstellt, der umherging und wohltat und selbst nicht hatte, wo er sein Haupt hinlege; um den die Lahmen gehen, die Aussätzigen rein werden, die Tauben hören, die Toten aufstehen und den Armen das Evangelium gepredigt wird, dem Wind und Meer gehorsam sind und der die Kindlein zu sich kommen ließ und sie herzte und segnete. Der bei Gott und Gott war und wohl hätte mögen Freude haben, der aber an die Elenden im Gefängnis dachte und verkleidet in die Uniform des Elends zu ihnen kam, um sie mit seinem Blute frei zu machen. Der keine Mühe und Schmach achtete und geduldig war bis zum Tode am Kreuz, daß er sein Werk vollende. Der in die Welt kam, die Welt selig zu machen, und der darin geschlagen und gemartert war und mit einer Dornenkrone wieder hinausging! Man könnte sich für die bloße Idee wohl brandmarken und rädern lassen, und wem es einfallen kann, zu spotten und zu lachen, der muß verrückt sein. Wer das Herz auf der rechten Stelle hat, der liegt im Staube und jubelt und betet an."

Der Zweifler:

Ein schöner Text — er stammt, wenn ich recht weiß — von dem Wandsbecker Boten, Matthias Claudius.

Der Prediger:

Sie haben recht und ich meine, es ist einer jener Texte, die man wieder und wieder bedenken sollte und an denen man sich nicht satt hört sein Leben lang. Aber ob es genügt, „das Herz auf der rechten Stelle zu haben?"

Dritter Sprecher:

Da fällt mir Nikodemus ein, über den in der Bibel berichtet wird: „Es war ein Mensch mit Namen Nikodemus, ein Oberster unter den Juden. Der kam zu Jesus bei der Nacht und sprach: Meister, wir wissen, daß du ein Lehrer bist, von Gott gekommen; denn niemand kann die Zeichen tun, die du tust, es sei denn Gott mit ihm. Jesus antwortete und sprach zu ihm: Wahrlich, wahrlich ich sage dir, es sei denn, daß jemand von neuem geboren werde aus Wasser und Geist, so kann er das Reich Gottes weder zu Gesicht bekommen noch hineinkommen."

Der Zweifler:

Ich kenne die Geschichte. Sie steht, wenn ich recht weiß, im Johannesevangelium. Offenbar will Jesus dem Nikodemus sagen: Ohne den *Geist* kannst du nicht erkennen, wer ich in Wahrheit bin, daß nämlich das Gottesreich in mir gegenwärtig ist. Ohne den Geist kannst du auch nicht in dieses Reich hineinkommen.

Der Prediger:

So ist es. Man kann Jesus bewundern, verehren, ihm nacheifern, aber ohne den Heiligen Geist kann niemand an ihn glauben, wirklich sein eigen werden.

Erinnern Sie sich an Martin Luthers Erklärung zum dritten Glaubensartikel? Wir haben sie wohl alle einmal gelernt.

Erster Sprecher:

Ich glaube, daß ich nicht aus eigener Vernunft noch Kraft an Jesus Christus, meinen Herrn, glauben oder zu ihm kommen kann.

Zweiter Sprecher:

Der Heilige Geist hat mich durchs Evangelium berufen, mit seinen Gaben erleuchtet, im rechten Glauben geheiligt und erhalten.

Dritter Sprecher:

Gleichwie er die ganze Christenheit auf Erden beruft, sammelt, erleuchtet, heiligt und bei Jesus Christus erhält im rechten, einigen Glauben.

Der Zweifler:

Es ist schwer, sich unter dem Heiligen Geist etwas deutlich Faßbares vorzustellen!

Der Prediger:

Da haben Sie recht. Man kann ihn nicht einfangen, er wird nur an seinen Wirkungen erkannt. Aber — so sagten sich die alten Lehrer der Kirche — soviel ist gewiß: Wenn ich „Heiliger Geist" sage, dann habe ich es noch einmal mit Gott selbst zu tun. Nicht anders wie bei Jesus Christus, der ja auch kein Übermensch und kein Halbgott ist, sondern ganz Gott und ganz Mensch, beides zugleich.

Der Zweifler:

Läuft das nicht darauf hinaus, daß ich, wenn ich ein Christ sein will, letztlich an drei Götter glauben muß?

Der Prediger:

Niemand muß glauben! Die ganze Bibel ist eine einzige Einladung zum Glauben. Im übrigen haben Sie natürlich nicht so ganz unrecht. Unser Verstand stellt hier ein Entweder-Oder auf. Aber wäre Gott wirklich Gott, wenn er die Grenzen unsres Verstehens nicht sprengen würde? „Ein Irrtum ist die Mathematik; sie ist tapfer ans Kreuz zu schlagen, wo es um Gott selber geht", sagte einmal Martin Luther.

Der Zweifler:

Aber warum dann dieses Dogma von der „Dreieinigkeit"? Das verstehe ich nicht.

Der Prediger:

Mit diesem Dogma wollte die Alte Kirche dieses Geheimnis nicht erklären. Sie wollte es bezeichnen, behüten und bewahren. Dabei muß man bedenken, daß das Wort „Person" — *ein* Gott in *drei* Personen — in der Sprache der alten Lehrer einen anderen Klang hatte als in unsrem Sprachgebrauch. Vater, Sohn und Geist sind drei Seinswesen des einen Gottes. Wenn er sich *so* offenbart hat, dieser eine, allein wahre Gott, dann deshalb, weil er sich zuvor und von Ewigkeit her als Vater, Sohn, und Geist zu sich selbst verhielt.

Erster Sprecher:

Gott war nie einsam.

Zweiter Sprecher:

Er bedurfte des Menschen nicht, um Gott, ganz Gott, zu sein.

Dritter Sprecher:

Unsre Vollkommenheit ist es, Gottes zu bedürfen.

Der Prediger:

Wichtiger als alles Begreifen ist und bleibt, daß wir uns von ihm finden und ergreifen lassen.

Der Zweifler:

Man kann also nicht an Gott glauben und Jesus abwählen oder aus Jesus ein Idol machen und Gott für tot erklären?

Der Prediger:

Man kann das. Aber es soll dann niemand sagen, er sei dabei vom Heiligen Geist beraten worden! Sollten wir den Lehrern der Kirche nicht dankbar sein, daß sie uns mit ihrem Bekenntnis zu dem dreieinigen Gott vor solchen Eigenmächtigkeiten warnen und hoffentlich davor bewahren?

Die Gemeinde singt Lied EKG 237, 2:

Zeuch mich, o Vater, zu dem Sohne,
damit dein Sohn mich wieder zieh zu dir;
dein Geist in meinem Herzen wohne
und meine Sinne und Verstand regier,
daß ich den Frieden Gottes schmeck und fühl
und dir darob im Herzen sing und spiel.

Erntedank

Die Besinnung über das Erntedankfest wird von drei Sprechern dargeboten. Sie kann von Liedern umrahmt sein, die von einem Kinderchor oder von der Gemeinde gesungen werden.

Lied:

Ich singe dir mit Herz und Mund ... (EKG 230, 1—5)

1. Sprecher:

Die Bibel sagt: Alles, was Gott geschaffen hat, ist gut, und nichts ist verwerflich, was mit Danksagung empfangen wird; denn es wird geheiligt durch das Wort Gottes und Gebet. (1. Tim. 4, 4—5)

2. Sprecher:

Ich, der Bauer, hab den Boden umgebrochen,
du, Gott Schöpfer, hast ihn reich gemacht in wenig Wochen.
Ich, der Bauer, hab den Furchen totes Korn gegeben,
du, Gott Schöpfer, hast es aufgeweckt mit Sturm und Regen.
Ich, der Bauer, steh am Feld, das nun schon riecht wie Brot,
und du, mein Schöpfer, stehst darüber: starker, guter Gott.
So halten wir zusammen: Du und ich,
was kann da kommen wider dich und mich?

3. Sprecher:

Ich, der Verbraucher, bin in den Laden gegangen und habe das Brot gekauft.
Wir, die Familie, haben die Brotscheiben bestrichen und unsern Hunger gestillt.
Ich, der Verbraucher, bin in den Supermarkt gegangen und habe eingekauft: Apfelsinen aus Jaffa, Datteln aus Algerien, Feigen aus Smyrna, Bananen aus Panama; Äpfel, Birnen, Tomaten, Trauben, ohne zu wissen, wo sie gewachsen sind und wer sie geerntet hat.
Wir, die Familie, haben alles mit Genuß gegessen und nicht

danach gefragt, woher das alles kommt und wer für uns gearbeitet hat.

1. Sprecher:

Martin Luther sagt: Gott gibt täglich Brot wohl ohne unsre Bitte, auch allen bösen Menschen; aber wir bitten in diesem Gebet, daß er's uns erkennen lasse und wir mit Danksagung empfangen unser täglich Brot.

2. Sprecher:

Herr, wir danken dir für deine Güte. Du hast uns tausendfältig beschenkt mit Gesundheit, mit Arbeitskraft, und Freude. Du hast uns Nachbarn und Menschen gegeben, die unsere Arbeit brauchen. Du hast uns den Frieden gelassen. Von dir kommt alles, was wir haben.

3. Sprecher:

Herr, ich danke dir für das Brot. Von dir kommt der Acker. Von dir kommt der Samen. Von dir sind die Kräfte der Fruchtbarkeit. Von dir ist unsre Fähigkeit zu säen, zu düngen und zu ernten.

2. Sprecher:

Wir bitten dich für alle, die auf dem Acker arbeiten, für alle, die das Korn und die Früchte des Feldes verarbeiten. Wir bitten dich auch für die Hungernden dieser Welt. Zeige uns, wie wir ihnen helfen können. Laß uns fröhliche Geber sein der Gaben, die du uns geschenkt hast. Laß den Samen deines heiligen Wortes in unseren Herzen wachsen.

3. Sprecher:

Herr, ich danke dir, daß du mich kleidest. Von dir kommt der Rohstoff. Das Werkzeug, die Maschine, die ihn verarbeitet, ist erfunden mit deiner Hilfe. Du gibst die Fähigkeit, aus den Stoffen schöne und wärmende Kleider zu schaffen.

2. Sprecher:

Wir bitten dich für alle, die daran arbeiten, daß wir kaufen können, was wir täglich bedürfen. Wir bitten dich für die Betriebsleiter und Belegschaften, die großen und die kleinen Händler, für diejenigen, die den täglichen Lebensbedarf zu uns transportieren. Wir bitten dich auch für die, deren Lebensstandard zu niedrig ist. Laß sie Hilfe finden bei denen, die Überfluß haben.

3. Sprecher:

Herr, ich danke dir für die Maschinen, ohne die wir nicht leben können. Du hast uns Menschen begabt, sie zu erfinden und zu entwickeln. Von dir stammen die Energien der Natur, mit denen sie betrieben werden. Du läßt uns lernen, eine Welt der Technik zu organisieren. Bewahre uns davor, daß wir uns mit diesen gewaltigen Werkzeugen selbst zugrunde richten. Laß die Maschine nicht Herr werden in unserem Leben. Bleibe du unser Herr.

2. Sprecher:

Wir bitten dich für alle Erfinder, Manager, Ingenieure, Techniker und Arbeiter der industriellen Welt. Wir bitten dich auch für alle Opfer der Industrie. Wir bitten dich besonders für diejenigen, die mit den ungeheuren Kräften der Atome umgehen, daß diese Kräfte, die du uns geschenkt hast, zum Wohle der Welt und nicht zu ihrer Vernichtung gebraucht werden. Amen.

1. Sprecher:

Martin Luther fragt: Was heißt denn täglich Brot? — Und er antwortet:

2. Sprecher:

Alles, was zu des Leibes Nahrung und Notdurft gehört, wie Essen, Trinken; Kleider, Schuhe; Haus, Hof; Äcker, Vieh; Geld, Gut; fromm Gemahl, fromme Kinder, fromm Gesinde; fromme und getreue Oberherren, gut Regiment; gut Wetter, Friede, Gesundheit, Zucht, Ehre; gute Freunde, getreue Nachbarn und desgleichen.

*

1. Sprecher:

Die Bibel sagt: Was ist der Mensch, daß du seiner gedenkst
und des Menschen Kind, daß du dich seiner annimmst? Du
hast ihn wenig niedriger gemacht als Gott, mit Ehre und
Herrlichkeit hast du ihn gekrönt. Du hast ihn zum Herrn
gemacht über deiner Hände Werk, alles hast du unter seine
Füße getan. (Psalm 8, 5—7)

2. Sprecher:

Schöpfer der Welt!
Alle Geschöpfe loben dich
durch ihr bloßes Dasein.
Gib uns ehrfürchtige Freude
an unserer Schwester, der Natur.
Verhindere, daß wir unsere Neugier zu weit treiben.
Gib, daß wir aufhören,
sie zu schänden und auszubeuten.
Hilf uns barmherzig sein
mit unserem Bruder, dem Tier,
das stumm mit uns auf deine Erlösung harrt.
Aber vor allem bitten wir dich:
Bring du unser Leben in deine Ordnung,
laß uns erkennen, daß wir keine Götter sind.
Du hast uns zu Herren deiner Schöpfung gemacht,
nicht zu ihren Tyrannen.
Wir sind ja von der Erde,
und dir danken wir jeden Atemzug.
Gib, daß wir mit dem Atem,
den du uns verleihst,
dich preisen und unsere Brüder lieben.
Hab Dank, Herr, für deine schöne Welt,
aber verhindere,
daß wir sie dir zur Wüste machen.
Amen.

*

1. Sprecher:

Die Bibel sagt: Laß dein Brot über das Wasser fahren, denn
du wirst es finden nach langer Zeit. Verteil es unter sieben

und acht, denn du weißt nicht, was für Unglück auf Erden kommen wird. (Prediger 11, 1—2)

2. *Sprecher:*

Einmal kam das Brot übers Wasser gefahren. Erinnern wir uns noch? Es war die Zeit, da wir nach dem Krieg bitteren Hunger litten. Da kam das Brot über den großen Teich. Säcke wurden in unseren Gemeinden abgeladen. Es stäubte, denn Mehl war darin, gutes, weißes Mehl. Ein Zettel lag oben drauf. In englischer Sprache hieß es: „Im Namen Jesu Christi spenden Glaubensbrüder aus Amerika den Hungernden in Deutschland." Erinnern wir uns noch?

1. *Sprecher:*

Die Erde dreht sich, die Weltgeschichte auch. Jetzt sind wir dran. Denn wir haben Brot. Wir haben schönes, weißes Mehl. Wir haben zu essen, viel zu essen. Aber es gibt wieder Hungergebiete. Diesmal auf der andern Seite. Länder, die durch neuere Kriege verwüstet wurden. Gebiete, die durch jahrelange Trockenheit verdorrt sind. Menschen, die bitteren Hunger leiden. Brot will sich aufmachen, Brot will übers Wasser fahren: Brot für die Hungernden, Brot für die Welt.

*

1. *Sprecher:*

Die Bibel sagt: Gottes Brot ist das, das vom Himmel kommt und gibt der Welt das Leben. Da sprachen sie zu Jesus: Herr, gib uns allewege solch Brot. Er aber sprach zu ihnen: Ich bin das Brot des Lebens. (Joh. 6, 33—35)

2. *Sprecher:*

Aus Brot und aus Wein besteht das einfachste und reichste Mahl der Christenheit. Es sind zwei alltägliche Dinge. Aus ihnen können wir erkennen, was Christus duldete, um uns eine Speise zu reichen, die ewiges Leben gibt, nämlich sich selbst.

3. *Sprecher:*

Brot — ein Weizenkorn ist klein und unscheinbar. Und doch

78

ist es die Grundlage des Brotes. Was macht es alles durch, bis es zur Speise geworden ist: Es wird in die kalte Erde gesenkt, bei der Ernte abgeschnitten, auf der Dreschtenne geschlagen, zwischen den Mühlsteinen zerquetscht. Es muß Mehl werden und wird als Teig geknetet, im Ofen als Laib gebacken und schließlich zum Essen zerschnitten. Schon im Mittelalter sprach ein Dichter von Christus, der „gesät wurde, entsprossen war, in Blüte stand, wuchs, gemäht wurde wie eine Garbe, auf die Tenne gefahren, gedroschen wurde, mit Besen gekehrt, gemahlen wurde, in einen Ofen hineingeschossen, drei Tage drinnen gelassen, herausgenommen und schließlich als Brot von den Menschen genossen wurde".

2. Sprecher:

Wein — ist es beim Weinstock nicht auch so? Wie klein und unscheinbar ist das Reislein, das im Frühjahr dem Weinstock entsprießt. Aber schon fängt auch hier ein „Leiden" an. Das Winzermesser wird angesetzt und schneidet alles ab, was unnütz ist, was ins Kraut schießen und der künftigen Traube den Saft nehmen könnte. Da hängt dann ein Tropfen wie eine Träne am äußersten Ende und der Winzer sagt: Die Weinrebe weint. Wenn dann die Traube gewachsen ist, gereift in der Glut der Sonnenwärme, kommt das Messer wieder, schneidet ab und trennt erbarmungslos vom heimatlichen Stamm. Es geht hinein in die Kelter, wo sie zerdrückt und ausgepreßt wird bis zum letzten. Auch hier hat die Christenheit früh an die Passion ihres Herrn gedacht und Bilder geschaffen, die den leidenden Christus unter der Kelter zeigen, ihn, der wie die Traube seinen kostbaren Lebenssaft gibt zum Leben derer, die er erlösen will. Und schließlich zeigt in der Weinherstellung die Gärung, daß alles Unreine abgestoßen und ausgeschieden wird, bis der Wein klar und rein zum labenden Getränk geworden ist.

1. Sprecher:

Wer kann das Korn anschauen
und nicht gedenken,

welch edle Speis es ist
und's nicht gedenken?

2. Sprecher:

Wer kann den Wein anschauen
und nicht gedenken,
welch edler Trank es ist
und's nicht gedenken?

3. Sprecher:

Wer kann da Christi sein
und nicht gedenken,
wes Fleisch und Blut er ißt und trinkt
und's nicht gedenken?

Lied:

Nun danket alle Gott ... (EKG 228, 1—3)

Reformation heißt Hoffnung
für die Kirche

Überlegungen zum Reformationsfest, vorgetragen von drei Sprechern.
Die Fragen, Bemerkungen, Einwände und Antworten können aber auch von
beliebig vielen Gemeindegliedern gesprochen werden.

1. Sprecher:

„Nehmen sie den Leib, Gut, Ehr, Kind und Weib, laß fahren
dahin! Sie haben's kein' Gewinn; das Reich muß uns doch
bleiben." Ohne diesen Luther-Vers kann ich mir das Reformationsfest nicht denken.

2. Sprecher:

Kann man aber in einer Gemeinde heute so noch singen?
Sind das nicht ärgerlich-falsche Töne? Wo leben denn unter
uns die Menschen, die nicht schon viel früher, als erst wenn
Leib, Gut, Ehr, Kind und Weib von ihnen gefordert würden,
ihre Kirchenzugehörigkeit in Frage stellen oder zumindest
davon nicht laut reden wollen? Ausnahmen bestätigen die
Regel. Aber weil diese Ausnahmen unter uns wohl sehr rar
geworden sind, sollte man diesen Luther-Vers eine Zeit-
lang seltener, auf jeden Fall mit mehr Überlegung und
weniger laut singen. Vielleicht wäre es überhaupt besser,
das ganze Reformationsfest abzuschaffen. Ich sehe keinen
Grund, auf diese Kirche stolz zu sein.

3. Sprecher:

Unechte Töne sind immer ärgerlich. Gerade am Reformationsfest gilt es darauf zu achten, daß von der Kirche nicht
auf falsche Weise geredet wird. Das kann in doppelter Hin-
sicht geschehen: Einmal, indem man die Gottesdienste an
diesem Tag dazu mißbraucht, in gefährlicher Sicherheit und
ohne Selbstkritik die eigene Kirche als alleinigen Hort der
Rechtgläubigkeit zu rühmen und dabei gegen andere Kirchen Stimmung zu machen. Aber die andere Gefahr ist

nicht geringer: Man macht die eigene Kirche durch Kritik ihrer Mitarbeiter, ihrer Formen und ihrer äußeren Gestalt so madig, daß auch dem letzten Kirchenbesucher noch die Lust entschwindet, zu dieser Kirche zu gehören. Eine Predigt zu kritisieren, ist z. B. immer leichter als besser zu predigen.

2. *Sprecher:*

Darum frage ich nochmals: Soll man unter diesen Umständen nicht das Reformationsfest überhaupt abschaffen? Daß in der Kirche von Jesus Christus gesprochen wird, von Schöpfung, Erlösung und Heiligung, daß die großen Taten Gottes im Evangelium weitergesagt werden, will ich nicht bestreiten. Aber wozu Luther-Bilder und Luther-Zitate von den Kanzeln? Wozu Reformationsfest feiern in einer Zeit, in der die Gotteshäuser immer leerer werden und das Leiden an der Kirche zunimmt?

1. *Sprecher:*

Reformation heißt aber doch gerade Erneuerung. Vielleicht soll dieser Tag besonders auf diese wunde Stelle hinweisen, daß die Kirche nicht ein für alle Mal fertig und eine perfekte Größe ist, sondern einer ständigen Erneuerung bedarf. Sonst würden heute nicht so viele Menschen an dieser Kirche Anstoß nehmen, an der Mittelmäßigkeit ihrer Pfarrer und sonstigen Mitarbeiter, an ihrer Zerrissenheit und häufigen Unentschiedenheit bei Stellungnahmen zu wichtigen Lebensproblemen, an der oft mangelnden Vollmacht der Verkündigung.

3. *Sprecher:*

Wahrscheinlich sehnen sich viel mehr Menschen, als man gewöhnlich meint, nach einer besseren Kirche. Der mittelalterliche Ruf nach einer Erneuerung der Kirche an Haupt und Gliedern ist auch heute wieder modern. Dafür gibt es auch mancherlei Ratschläge. Die einen verlangen mehr Demokratisierung der Kirche, die anderen die Überwindung des Ein-Mann-Betriebes, wieder andere erhoffen sich von neuen Liedern, von einer neuen Liturgie oder von mehr Anpassung an die Tagesordnung der Welt die Lösungen dieses Problems. Aber allen diesen oft sehr entgegengesetzten Wünschen kann auch die beste Kirche nicht gerecht werden.

1. Sprecher:

Nach meiner Meinung kann man Erneuerung der Kirche überhaupt nicht zum menschlichen Programm erheben. Kirche läßt sich eben nicht machen. Sie hängt eng zusammen mit der inneren Gemeinschaft, die zwischen Gott und Menschen besteht und die darum auch sehr verschieden veranlagte und oft auch gegensätzlich eingestellte Menschen untereinander verbindet. Das läßt sich nicht auf dem Weg reiner Organisation ermöglichen. Wo es Kirche gibt, die mehr ist als ein Zusammenkommen gleichgesinnter Seelen oder als ein mäßig oder gut funktionierender religiöser Verein, dort befinden wir uns in der Nähe eines immer neu geschehenden Wunders. Je länger ich in der Kirche mitarbeite, desto mehr staune ich darüber, daß es sie überhaupt noch gibt.

2. Sprecher:

Heißt das, man soll die Zukunft der Kirche einfach Gott überlassen, der ja Wunder tun kann? Oder vielleicht den Bischöfen oder Hochschul-Theologen? Oder den Kirchen-Synoden, die neue Ordnungen und Gesetze machen könnten?

1. Sprecher:

Wir alle sollten uns mit darum kümmern, daß die Kirche sich besser den Bedürfnissen der Zeit anpaßt und solche Formen in Rede und Dienst entwickelt, die für möglichst viele Menschen Lebenshilfe bedeuten und nicht wie ein Museum wirken. Denn Museen haben wir genug, aber an echten Angeboten gelebter Gemeinschaft fehlt es uns. Wenn unsere Kirche manchmal nach Museum riecht, sind wir doch alle daran mit schuld.

2. Sprecher:

Es gehört zu den Erkenntnissen der Reformation, daß Gott uns an seinem Tun beteiligen will. Das Evangelium befreit den Menschen von der Lebensangst, spricht ihm die Freundschaft Gottes zu und macht ihn zu einem Mitarbeiter Gottes

— in jedem Beruf. Es erklärt ihn zu einem mündigen Menschen, der letztlich nur seinem Schöpfer und Erlöser verantwortlich ist. Darum darf es keine menschlichen Zwischeninstanzen geben, die den Zugang zu Gott kontrollieren oder regulieren wollen. Luthers Kampf gegen das damalige Papsttum, aber auch die reformatorische Lehre vom allgemeinen Priestertum aller Gläubigen müssen so verstanden werden. Aber was bedeutet das heute?

1. Sprecher:

Sicher nicht, daß es in der Gemeinde keine besonderen Ämter und Dienste mehr geben soll. Aber der Pfarrer darf nicht der einzige Mitarbeiter der Gemeinde sein. Er hat keinen höheren Rang vor Gott als jeder andere auch. Er ist auch nicht Fachmann in allen Lebenslagen und darf schon gar nicht zum Universaldilettanten werden. Darum braucht er viele Mitarbeiter, die je nach ihren Gaben in der Gemeinde zum Zug kommen sollen. Aber der Pfarrer ist auch nicht einfach durch einen Sozialarbeiter zu ersetzen.

Denn der Glaube kommt doch aus der Predigt. Zwar kann Predigt nicht Monopol von Einzelnen werden. Das Zeugnis des Evangeliums ist der ganzen Gemeinde übertragen. Aber der Sammlung und Sendung dieser Gemeinde dient es, daß theologisch ausgebildete Pfarrer die öffentliche Wortverkündigung wahrnehmen und Anleiter der Seelsorge werden, die jedem aufgetragen ist. Der aus dem Hören des Gotteswortes erwachsende Glaube soll in der Liebe tätig werden. Darum muß es in der Gemeinde viele Dienste geben, die dazu beitragen, daß die verschiedenen Gaben der einzelnen Menschen erkannt und geweckt werden und auch praktisch zur Entfaltung kommen. Nur so wird es möglich sein, daß die gute Nachricht von der liebenden Zuwendung Gottes, wie sie in Jesus Christus für die Welt und für jeden einzelnen Menschen geschehen ist, nicht eine schöne Rede bleibt, die nicht durch konkrete Taten der Hilfe ausgewiesen ist! Wo das aber aus der Kraft des Heiligen Geistes geschieht, entsteht eine Mannschaft von lauter Geistlichen. Denn Geistliche sind wir alle, nicht nur die Theologen. Und nur einer ist Mittler zwischen Gott und Menschen: Jesus Christus allein.

2. Sprecher:

War aber das nicht gerade der heikle Punkt, an dem sich im Mittelalter die Reformation entzündete? Luther hat gegen die „Werkerei" protestiert und den Papst angeklagt, weil er durch die Ablaßkrämerei und durch das Leistungsprogramm der guten Werke einen Handel mit Gott und ein Geschäft mit der Angst eröffnet hatte.

3. Sprecher:

Man darf das Kind nicht mit dem Bade ausschütten. Der reformatorische Durchbruch durch die Sperrmauer verdienstlicher „Werkerei" und menschlicher Geschäftemacherei mit Gott würde zu einer Flucht aus dem Gehorsam Christi und zu einer Karikatur von Nachfolge entarten, wenn die Reformation so mißverstanden würde, als bedeute der Satz „allein aus Gnaden" in der Praxis des Alltags: also brauchen wir nichts mehr zu tun! Oder als meinte die reformatorische Parole „allein durch das Wort": das alleingelassene Wort, dem keine Taten folgen. Das Bekenntnis „Christus allein" will verstanden werden als Hinweis auf den alleinigen Bringer des Heils — für die Welt und für jeden Menschen. Der Irrtum liegt natürlich nahe, daß wir uns dann passiv in die Zuschauerbank zurückziehen.

1. Sprecher:

So haben es die Reformatoren sicher nicht gemeint. Luther konnte auch sagen, daß einer dem anderen ein Christus sei. Eine erneuerte Kirche ist darum zu allererst eine dienende Kirche. Sie herrscht nicht über die Gewissen der Menschen und tritt nicht in Konkurrenz zu politischer Macht. Sie weiß nicht alles besser. Aber sie scheut sich auch nicht, von der biblischen Wahrheit her Stellung zu nehmen zu Fragen der Politik, der Wirtschaft oder des öffentlichen Leben, ganz gleich, ob sie damit Beifall oder Ablehnung erfährt. Dabei bleibt das die Mitte ihres Auftrags: Gewissen zu schärfen und Menschen zu trösten. Das kann sie nur, wenn sie an den gekreuzigten Christus glaubt, der aber auferstanden ist und unter uns wirkt. Sonst wird aus dem Gewissenschärfen und Trösten neue Gesetzlichkeit und eine billige Vertröstung.

Aber weil der auferstandene Christus der Herr der Kirche ist, darf diese Kirche nicht nur auf ein besseres Jenseits verweisen, sondern ist in die Lage versetzt, sich schon hier um ein menschenwürdigeres Heute für jeden zu bemühen. Das fängt immer wieder mit der Erneuerung des einzelnen Menschen an, die nur Gott schaffen kann. Denn erneuerte Menschen sind die besten Garanten für die Änderung der Verhältnisse und auch für die Erneuerung der Kirche.

2. Sprecher:

Was können *wir* denn schon zur Erneuerung der Kirche tun? Sie nur den Synoden zu überlassen oder zu hoffen, daß eines Tages eine völlig neue Kirche vom Himmel fällt, ist uns doch wohl nicht erlaubt. Auch von Kritik allein erwächst nichts Neues. Die Kirche — das sind wir also alle. Kritik an der Kirche ist darum immer auch Selbstkritik, wenn sie ehrlich gemeint ist. Weil die Kirche mit dem Heiligen Geist zusammenhängt, dürfen wir nicht resignieren, auch wenn die Kirche noch so elend und jämmerlich wäre. Die Liebe zu dieser Kirche, in der wir leben, ist die Voraussetzung für jede Mitarbeit zu ihrer Erneuerung. Welche notwendigen Schritte folgen daraus?

3. Sprecher:

Wir sollen den Pfarrer nicht allein lassen. Viele erwarten von ihm Trost in ihrer persönlichen Situation. Aber der Pfarrer braucht auch selber Trost. Wir sollen ihn ermutigen, daß er das Evangelium mit Vollmacht predigt. Er soll nicht zu einem moralischen Lehrmeister werden. Wir sollen mit ihm zusammen die Gottesdienste zu Festen machen, aus denen Freude am Herrn und Ermutigung zum Leben strahlt. Wir sollen sie als Gelegenheit begreifen, die Gott uns gibt, um durch die Kraft des gemeinsamen Gebetes mitzuwirken an der Entwicklung der Welt und an der Hilfe für einzelne Menschen. Und wir sollen zusammen mit anderen Christen und Gemeinden den Dienst an der Welt mit unseren Gaben so anpacken, daß er auch andere ansteckt und mitreißt. Denn Barmherzigkeit vollendet sich darin, daß sie andere barmherzig macht.

1. Sprecher:

Trotzdem wird es keine heile Welt hier geben. In der Kirche leben, heißt auch ja sagen zu den Konflikten, in denen wir leben. Aber unter dem Evangelium brauchen solche Konflikte dann nicht zur Entzweiung oder gar zum Haß zu führen. Daß einer den anderen erträgt und ihm dazu hilft, Versöhnung zu erfahren und weiterzugeben, gehört zu dem besonderen Dienst, der der Kirche aufgetragen ist, und den kein anderer in dieser Regelmäßigkeit tun kann. Das gilt auch für das Verhältnis zwischen den Konfessionen und zu den Nichtchristen. Der hier gemeinte Dialog darf freilich nicht auf Kosten der Wahrheit zu faulen Kompromissen führen. Aber die Kraft der Liebe Christi läßt uns auch den anderen besser verstehen und das Gespräch mit ihm so führen, daß auch er sich von der Liebe Gottes getragen weiß. Denn was nicht im Dienst für andere genutzt wird, verwandelt sich in Raub. Das gilt von den materiellen wie von den geistlichen Gaben jeder Kirche.

2. Sprecher:

Ist das alles aber nicht ein frommer Wunschtraum, der in krassem Widerspruch zum Alltag unserer Kirche steht?

3. Sprecher:

Reformationsfest ist weder ein Siegesfest einer selbstbewußten Kirche noch ein Tag protestantischer Selbstzerfleischung in unbiblischer Undankbarkeit. Aber er kann ein Tag sein, an dem Menschen für das Geschenk ihrer Kirche danken und Gott darum bitten, daß er sie fähig mache, bessere Mitarbeiter einer von ihm täglich zu erneuernden Kirche zu werden und zu bleiben. Fangen wir ganz praktisch wieder damit an, ohne Illusion und ohne Resignation, aber in ehrlicher Zusammenarbeit mit jedem anderen, der auch diese Kirche liebt. Da gilt es, Vorurteile fallen zu lassen und Enttäuschungen zu überwinden. Reformation als Hoffnung für die Kirche ist immer wieder ein unerledigtes Programm. Es lohnt sich, mitzumachen, denn Gott hat diese Welt nicht aufgegeben. Dürfen wir sie dann aufgeben? Eine erneuerte Kirche aber ist eine Wohltat für die Welt.

Hat der Tod das letzte Wort?

Im November, zur Zeit des Ewigkeitssonntags, brechen in vielen Menschen Fragen auf, die während des übrigen Jahres verdrängt werden.
Es geht um die menschliche Existenz, um den Sinn des Daseins, um Tod und Leben. Diesen letzten Dingen gehen vier Personen nach; sie verkörpern
1. Den Fragenden
2. Den Überlegenen
3. Den Skeptiker
4. Den Zeugen

Der Fragende:

In einer Zeitung lasen wir: „Achtzig Prozent der Menschen sterben heute in Kliniken und Altersheimen. In der Klinik sterben heißt zumeist: anonym und einsam sterben. In unsere fortschrittsgläubige, industriedurchtränkte Zeit, in der Leistung, Karriere, Gesundheit, Jugend und Tempo die Götter sind, passen Krankheit, Sterben und Tod nicht recht hinein." (Stuttgarter Zeitung vom 30. 10. 1971)

Der Überlegene:

Gewiß, Sterben und Tod passen nicht in unsre Zeit. Aber hat der Tod je in eine Zeit hineingepaßt? Er ist doch immer unzeitgemäß, der Tod, denn er schneidet unsre Zeit ab. Jahre und Tage und Stunden hören für uns auf.

Der Skeptiker:

Das ist unser Schicksal. Ich glaube an das Schicksal. Jeder Mensch hat seine Zeit, und wenn sie vorbei ist, dann ist eben das Ende da.

Der Fragende:

Es ist aber beunruhigend, meine ich, weil wir nicht wissen, *wieviel* Zeit wir haben.

Der Überlegene:

Ist das wirklich beunruhigend? Ist es nicht viel mehr das

Gefühl, daß die Zeit abgelaufen ist, ehe wir zu leben gelernt haben? Ich denke an junge Menschen, die in der Blüte ihrer Jahre in Kriegen geopfert werden, oder an Verkehrstote. Sie starben zu früh. Sie hatten oft kaum Zeit zu leben.

Der Zeuge:

Das ist eine wichtige Frage: Haben wir Zeit zu leben? Haben wir heute diese Zeit zu leben? Wir sollten uns diese Frage einmal stellen. Gewiß, wir haben täglich 24 Stunden. Aber man kann sicher nicht behaupten, daß jeder von uns, wenn der Tag vorbei ist, das Gefühl hat, daß er wirkliches Leben hatte, daß sein Tag sinnvoll war, erfüllt war, beglückend war. Manche haben viel eher das Gefühl, daß sie eingespannt sind in den Rhythmus dieser modernen Welt, verplant, programmiert, sogar in ihrer Freizeit. Und daß ihr Leben dabei zu kurz kommt. Das Leben, nach dem wir hungern wie nach dem täglichen Brot, das wir so sehr lieben, daß wir es immer gesucht haben und immer neu suchen, das gelingt so selten.
Darum sind die Gesichter leer, oft von Enttäuschung gezeichnet, von dem Gefühl der Vergeblichkeit geprägt. Es gibt wenige, die glücklich sind, die noch lachen können, und noch weniger, die auch Schwierigkeiten und Engpässe gelassen durchstehen können. Wir fühlen uns unverstanden und einsam und machen andere dafür verantwortlich, daß wir selbst im Leben zu kurz kommen.

Der Fragende:

Es stimmt mich nachdenklich: Wir sind von der Frage nach dem Tod ausgegangen und sind jetzt dabei, uns Gedanken über das Leben zu machen. Kommen wir da nicht vom Thema ab?

Der Zeuge:

Ich bin ganz sicher, daß wir jetzt beim Thema sind. Wir sind bei dem großen Thema Gottes, der diese Welt so liebte, „daß er seinen eingeborenen Sohn gab, auf daß alle, die an ihn glauben, nicht verloren werden, sondern das ewige Leben haben". (Joh. 3, 16)

Der Skeptiker:

„Ewiges Leben" — ist das nicht ein großes Wort? Bei uns ist doch jeder froh, wenn er im Leben einigermaßen über die Runden kommt.

Der Zeuge:

Ja, Leben ist etwas Großes. Leben, ewiges Leben, ist das Geschenk Gottes, die Chance, die er uns gibt, jetzt und hier schon Leben zu finden, das seinen Sinn hat, das seine Qualität hat, das den Namen „Leben" wirklich verdient. Denn nur wer geborgen ist, zuversichtlich ist, wer hoffen kann und ein Ziel vor Augen hat, kann leben.

Der Skeptiker:

Warum haben wir es dann so schwer? Warum finden wir dieses Leben nicht, obwohl wir uns mühen, obwohl wir suchen, obwohl wir uns danach sehnen? Warum hat Gott die Bedingungen, das Leben zu erreichen, so hoch gesetzt, daß viele daran scheitern?

Der Fragende:

Sind es wirklich Gottes Bedingungen, die viele scheitern lassen? Könnte es denn nicht so sein, daß wir Menschen Leben und Glück weit mehr von jenen Göttern erwarten, von denen wir anfangs sprachen: von Leistung, Karriere, Jugend, Tempo? Und von denen, die ein jeder von uns noch heimlich anbetet?

Der Zeuge:

Gott stellt keine Bedingungen. Er bietet Wasser an, und jeder, der durstig ist, kann trinken. Er bietet Leben an in Jesus Christus, und jeder, der leben will, kann Leben empfangen. Solange wir in unsere eigenen Götzen noch Erwartungen setzen, so lange gehen wir freilich leer aus bei Gott. Denn er teilt nicht mit ihnen.

Der Skeptiker:

Aber der Glaube, das ist doch auch so eine Art Bedingung!

Der Zeuge:

Nein, Glaube ist keine Bedingung, wohl aber ein Wagnis: daß ich mein Leben ganz in die Verantwortung Gottes stelle. Daß ich lerne zu hören, was er sagt, daß ich lerne zu tun, was er will.

Indem ich dies wage, entsteht Vertrauen. Ich weiß mich geborgen in allem, was mir begegnet. Ich weiß, daß ich einen neuen Herrn habe.

Der Überlegene:

Ich verstehe nicht, was das mit dem Leben zu tun haben soll. Bisher habe ich den Glauben jedenfalls für eine sehr unpraktische und lebensferne Sache gehalten.

Der Fragende:

Könnte dieser wagende Glaube nicht zugleich das Leben sein, von dem wir reden? Es empfängt seinen Sinn, sein Ziel, von Jesus her. Er ist das Leben, und ich beginne zu ahnen, was Leben ist, wenn ich auf ihn sehe. Er war für andre da, und ich fange an zu begreifen, daß ich Leben empfange, wenn ich es an andre verschenke. Er hat geliebt, hat vergeben, und ich fange an zu begreifen, daß ich Leben empfange, wenn ich Liebe weitergeben lerne. Er war getragen von einem unerhörten Vertrauen zu Gott, das auch im Tod nicht endete, und ich fange an zu begreifen, daß auch mir dieses Vertrauen im Leben und im Sterben Halt und Hilfe sein kann.

Der Skeptiker:

Es mag sein, daß das alles in uns Menschen die Einstellung zum Tod, zum Sterben ändert. Das will ich zugeben. Aber es ändert doch nichts an der Tatsache, daß wir sterben müssen! Der Tod hat das letzte Wort.

Der Zeuge:

Sie irren, wenn Sie im Glauben an Jesus nur eine Art von „Sterbehilfe" sehen. Wer in Gottes Verantwortung lebt, der weiß, daß sein Leben nicht von einem sinnlosen Schicksal, von einem Zufall, von Menschen oder Mächten, auch nicht von der Macht des Todes abhängt. Wir glauben nicht an die Macht des Todes, obwohl wir Menschen sterben sehen. Wir glauben an die Macht des lebendigen Gottes. Wer glaubt, der weiß, daß Gott *allein* über ihn verfügt. Er weiß, daß der auferstandene Jesus Christus dem Tod die Macht genommen — den Weg zum ewigen Leben freigemacht hat und daß Gottes ewiges Leben nicht durch den Tod zerstört werden kann.

Verstehen können wir dabei manches nicht. Wir verstehen zum Beispiel nicht, warum ein Mensch gerade zu diesem Zeitpunkt oder gerade auf solche Art sterben muß. Wer vertrauen lernt, der braucht nicht immer zu verstehen. Vertrauen ist mehr. Wer sich der Macht Gottes im Leben anvertrauen lernte, der kann dies gewiß auch im Sterben tun. Wer im Leben gehalten war, wird auch im Tod gehalten sein. Wer wirklich gelebt hat, der kann auch den Weg des Todes gehen, denn es ist der Weg Gottes.

Der Überlegene:

Ich frage mich schon lange, weshalb noch nichts gesagt wurde von der Auferstehung der Toten, vom Gericht, von der Ewigkeit. Ich halte das für eine Vertröstung des Menschen auf ein besseres Jenseits, damit er die Not seiner Tage leichter tragen kann.

Der Skeptiker:

Das ist doch denkbar, daß es viele gibt, die sich für die Mühsale und Ungerechtigkeiten dieses Lebens eine kleine Entschädigung oder Korrektur in einem anderen Leben erhoffen. Aber dieser Glaube wird doch geboren aus dem Wunsch nach dem, was uns versagt geblieben ist im Leben.

Der Zeuge:

Ewiges Leben kommt aus Gott selbst. Er läßt es keimen und wachsen in uns durch sein Wort, er selbst ist Schöpfer und Erhalter dieses Lebens durch seinen Geist. Er schenkt uns dieses Leben, das auch der Tod nicht nehmen kann. Denn es ist sein Leben in uns.

Der Fragende:

Wir sterben, und unser Leib zerfällt. Glauben Sie dennoch an die Auferstehung der Toten?

Der Zeuge:

Gewiß. Sollte dem, der sein Leben in unseren vergänglichen Leib gab, den er geschaffen hatte — sollte dem unmöglich sein, dieses Leben zu erhalten und ihm in der Auferstehung einen neuen Leib zu geben?
Aber das sollten wir in die großen Zusammenhänge des Werkes Jesu stellen. Er kam ja, um den Anfang der neuen Schöpfung Gottes zu setzen. Er selbst war dieser „neue Mensch". Und er wird seine Schöpfung zu Ende führen, wenn er selbst wiederkommt.

Der Skeptiker:

Ich kann mir nicht helfen, das klingt doch alles etwas phantastisch: Wiederkunft Jesu, Welterneuerung, neue Schöpfung.

Der Zeuge:

Es muß wohl für viele Menschen heute phantastisch klingen, also wie eine Ausgeburt religiöser Phantasie.
Aber Gott ist Herr der Welt und aller Menschen. Er wird das, was er gut geschaffen hat und was wir Menschen zu zerstören im Begriff sind, die Natur, den Frieden, auch den Menschen, nicht sich selbst überlassen. Er hat ja den Anfang seines Heilswerks, seines Planes, schon unter uns geschehen lassen. Und dieser schaffende Gott wird diesen Plan zu Ende bringen. Es drängt ja alles nach Vollendung; es reift alles zur Ernte; der Schrei der gequälten Menschheit, die sterbende Natur, das Unrecht derer, die sich selbst zu Herren gemacht haben, alles sind Zeichen, die Gottes Eingreifen geradezu herausfordern. Die Bitte um das Kommen seines Reiches, um das Kommen Jesu, wird nicht ungehört bleiben. Weil Gott Gott ist, darum wird er am Ende über alle Macht triumphieren, wird die Herrschaft seines Sohnes aller Welt sichtbar werden, werden alle Knie sich

vor ihm beugen müssen. Auch der Tod wird dann nicht mehr sein.

Der Überlegene:

Ich habe gelesen: „Der Tod ist der Sünde Sold" (Röm. 6, 23), und habe das so verstanden, als sei der Tod eine Art von Strafe Gottes für den Sünder.

Der Zeuge:

Sie hätten weiterlesen sollen. So heißt es nämlich: „Aber die Gabe Gottes ist das ewige Leben in Christus Jesus, unserem Herrn." (Röm. 6, 23) Der Tod ist nicht Strafe Gottes, sondern Folge und Auswirkung der Sünde. Wenn das Geschöpf sich vom Schöpfer lossagt, dann entsteht Zerstörung, dann entsteht Tod. Gott will aber nicht den Tod des Sünders, sondern „daß sich der Gottlose bekehre von seinem Wesen und lebe". (Hes. 33, 11) Und Jesus sagt: „Ich lebe, und ihr sollt auch leben." (Joh. 14, 19)

Der Fragende:

Dieses Leben aber wird jetzt und hier beginnen müssen. Es wird Leben aus Gott sein, ewiges Leben, oder es wird Tod sein. Es wird Leben der neuen Schöpfung sein, oder es wird vergehen.

Der Skeptiker:

Und was wird aus unseren Toten?

Der Zeuge:

Sie sind in Gottes Hand und in seinem Urteil. Gott wird auch an ihnen sein Werk vollenden. Wir wollen sie in seine Barmherzigkeit befehlen. Wir selbst aber wollen bereit sein, bereit für ihn, wartend auf ihn, glaubend und hoffend. Wir wollen die Bitte neu lernen: „Dein Reich komme" — heute und hier zu uns, damit wir Leben empfangen. „Dein Reich komme": ja komm, Herr Jesu, und mache dem Warten ein Ende. Mach der Zerstörung ein Ende. Mach dem Unfrieden ein Ende. Amen, ja komm, Herr Jesu.

Inhaltsverzeichnis

Quellennachweis
Seite 23, 31: aus Heinz Flügel „Der Hahnenschrei", biblische Szenen und Dia-
loge, Evangelisches Verlagswerk Stuttgart
Seite 34: aus der CREDO-Schallplatte LB-A 103/3 „... am dritten Tag wieder
auferstanden von den Toten", Verlag Junge Gemeinde Stuttgart
Seite 40: aus der CREDO-Schallplatte LB-C 103/4 „Die durchstoßene Grenze",
Verlag Junge Gemeinde Stuttgart